新营销
新电商

电商直播带货指南

全彩版

指南

电商教育　编著

 中国水利水电出版社
www.waterpub.com.cn
·北京·

内容提要

《电商直播带货指南》是一本针对电商直播带货从业人员以及没有任何经验但是想加入电商行业的从业者的教程，主要讲述了直播带货的内容策划、选品、话术、营销与推广、团队建设等。

本书内容主要分为 3 部分：第 1 部分为直播带货基础与选品（第 1～4 章），包括了解直播带货、开通抖音直播带货、直播选品策略与供应链管理、团队建设与管理等内容；第 2 部分为直播内容策划和直播场景与设备（第 5～7 章），包括直播场景与设备准备、直播策划与内容创意、直播技巧与话术等内容；第 3 部分为直播营销（第 8 章），包括直播营销与推广策略等内容。

本书适合新媒体、电商、短视频和直播带货等领域的读者学习参考，也可作为相关行业的培训教材。

图书在版编目（CIP）数据

电商直播带货指南 / 电商教育编著 . -- 北京：中国水利水电出版社，2024.5

（新营销·新电商）

ISBN 978-7-5226-2246-0

Ⅰ . ①电… Ⅱ . ①电… Ⅲ . ①网络营销－指南 Ⅳ . ① F713.365.2-62

中国国家版本馆 CIP 数据核字（2024）第 057113 号

丛 书 名	新营销·新电商
书 名	电商直播带货指南 DIANSHANG ZHIBO DAIHUO ZHINAN
作 者	电商教育 编著
出版发行	中国水利水电出版社 （北京市海淀区玉渊潭南路 1 号 D 座 100038） 网址：www.waterpub.com.cn E-mail: zhiboshangshu@163.com 电话：（010）62572966-2205/2266/2201（营销中心）
经 售	北京科水图书销售有限公司 电话：（010）68545874、63202643 全国各地新华书店和相关出版物销售网点
排 版	北京智博尚书文化传媒有限公司
印 刷	北京富博印刷有限公司
规 格	148mm×210mm 32 开本 5.125 印张 171 千字
版 次	2024 年 5 月第 1 版 2024 年 5 月第 1 次印刷
印 数	0001—3000 册
定 价	59.80 元

前　言

在互联网快速发展的今天，电商行业已经成为人们生活中不可或缺的一部分。随着消费者对于购物体验的需求不断提高，电商直播带货作为一种新型营销模式应运而生。抖音作为热门的短视频平台，已逐渐成为电商直播带货的重要阵地。如何在电商平台上进行直播带货，实现销售业绩的飞跃呢？本书将为你揭示电商直播带货的奥秘。

本书提供了一套完整的电商直播带货指南。在这里，你将学会如何选择合适的产品，策划出有趣、创新、新颖的直播内容，掌握直播技巧与话术、直播运营技术、团队管理技术等，从而吸引更多的观众。我们希望通过本书帮助读者开启电商直播带货的成功之路。

本书至少包括以下内容：

- 3 种常见的直播带货盈利模式。
- 5 种直播带货利润计算方式。
- 4 种新手账号起名方法。
- 8 种常见的 IP 人设。
- 5 种商品上架的形式。
- 4 种直播间福利设置方式。
- 5 种直播带货找货源方式。
- 5 种找到当前热销爆款商品的方式。
- 6 种直播间灯光布置知识。
- 7 种打造更有趣的直播间技巧。
- 5 种确定直播主题与风格的准备工作。
- 5 种制定直播内容框架与节目单环节。
- 8 种创新直播带货内容与形式。
- 13 种直播话术与互动技巧。

- 8 种"自然流"增加直播间热度的方式。
- 6 种"付费流"增加直播间热度的方式。

为了让读者朋友更好地精通电商直播带货的短视频策划与制作，本书特赠送以下内容（请按照封面前勒口中的说明进行下载）：

- 《1000 个短视频达人账号名称》电子书。
- 《200 个直播带货达人账号名称》电子书。
- 《30 秒搞定短视频策划》电子书。

注意：由于抖音等 App 或平台的功能时常更新，本书介绍的内容与读者实际使用的 App 界面、按钮、功能、名称可能会存在区别，但基本不影响使用。同时，作为创作者也要时刻关注平台动向和政策要求，创作符合平台规范的作品。

本书由电商教育组织编写，其中，曹茂鹏、瞿颖健负责主要编写工作，参与本书编写和资料整理的还有杨力、瞿学严、杨宗香、曹元钢、张玉华、孙晓军等人，在此一并表示感谢。

编　者

目　录

第 4 章 团队建设与管理 055

第 5 章 直播场景与设备准备 065

第 6 章　直播策划与内容创意 093

第 7 章　直播技巧与话术 110

第1章

了解直播带货

 **本章内容简介**

　　本章主要围绕直播带货的基础知识展开学习。本章将深入剖析直播带货的内涵，探讨直播带货的核心竞争力和优势，并详细解析直播带货的盈利模式及创新趋势，帮助读者更好地理解和应用这一新兴商业模式。

重点知识掌握

- 认识直播带货
- 把握直播带货的核心竞争力
- 直播带货的盈利模式及利润计算方式
- 直播带货的专业用语

1.1　认识直播带货

本节将围绕常见的直播带货平台、直播带货与短视频的关系、直播带货的观众结构等内容展开介绍。

1.1.1　常见的直播带货平台

直播带货平台众多，各有特点与优势。以下是部分知名的直播带货平台：

抖音　快手　淘宝　京东　视频号　小红书　蘑菇街　哔哩哔哩

（1）抖音：短视频平台，兼具直播功能，用户群体庞大，支持实时互动、一键购买等功能。

（2）快手：短视频平台，兼具直播功能，与抖音的用户群体和内容风格略有不同。

（3）淘宝直播：阿里巴巴旗下电商直播平台，与淘宝购物紧密结合。

（4）京东直播：京东旗下电商直播平台，与京东购物紧密结合。

（5）视频号直播：与微信视频号结合，覆盖广泛的用户群体。

（6）小红书直播：社区分享消费决策平台，近年加入了直播带货领域。

（7）蘑菇街直播：女性时尚电商平台，适合销售女性消费品。

（8）哔哩哔哩直播：内容创作与分享视频平台，近年加入了直播带货领域。

1.1.2　直播带货与短视频的关系

在绝大多数的平台中，直播带货与短视频之间存在紧密的联系，这主要表现在以下几个方面。

1.两者的流量关系

在抖音平台上，短视频和直播带货之间的流量是相互关联的。一方面，优质的短视频内容可以为主播积累粉丝，为直播带货提供潜在的消费者群体；另一方面，直播带货可以引导直播间的观众观看主播发布的短视频，进一步增加短视频的播放量和互动量，提升主播的整体流量。

2.短视频促进直播

短视频在抖音平台中具有极高的传播效应，主播可以通过发布与直播带货相关的短视频来预热直播活动，吸引观众关注并进入直播间。此外，直播结束后可通过短视频进行内容回顾和分享，进一步扩大直播的影响力。

3.内容相互补充

短视频和直播带货在内容上可以相互补充。短视频可用于展示商品的使用场景、效果及亮点，而直播带货则可以为观众提供更详细的产品介绍、演示和互动体验。主播可以在两者之间进行合理的内容搭配，以实现更高的观众吸引力和转化率。

4.数据分析与优化

主播可以通过分析短视频和直播带货的数据，了解观众的行为、偏好和购买习惯，从而优化直播内容和直播策略。例如，主播可以根据短视频的播放量、点赞量、评论量等数据，判断哪些内容更受观众喜爱，进而在直播带货中采用相似的内容和直播风格。

1.1.3 直播带货的观众结构

直播带货时直播间的观众的结构主要由4部分构成，分别为自然流观众（非粉丝）、付费流观众（非粉丝）、短视频引流观众和账号粉丝。

1.自然流观众（非粉丝）

这类观众在浏览直播平台时，可能会无意间发现并进入主播的直播间。为了吸引这些观众并将他们转化为粉丝和购买者，主播需要提供有趣、实用和专业的内容，以及不断与观众互动，提高观众的参与度。

2.付费流观众（非粉丝）

付费流观众是通过平台推广或其他付费方式吸引来的观众。这类观众可能对主播和直播内容没有太多了解，因此主播需要在短时间内展示直播间的特色和专业知识，以便快速吸引这类观众的注意力，并促使他们成为粉丝或购买者。

3.短视频引流观众

通过发布预热短视频，主播可以吸引新的观众或粉丝进入直播间。短视频可以展示商品的特点和优势，以及主播的个人魅力，从而激发观众的好奇心和购买欲望。主播需要制作具有吸引力的短视频，以便有效地引导潜在观众进入直播间。

4.账号粉丝

当主播开始直播时，粉丝可能会直接进入直播间。这些粉丝通常已经对主播有了一定的认知，他们更有可能关注直播内容并产生购买行为。主播需要通过不断的互动和高质量的内容，保持这些粉丝的关注度和参与度。

1.2 把握直播带货的核心竞争力

主播的个人魅力、及时有效的实时互动、优良的产品品质、合适的营销策略、充足的专业知识、优质的售后服务、优秀的供应链、创新的内容和精确的数据分析都是直播带货成功的关键因素。这些因素有助于吸引观众、提高人气、增加观众信任度、刺激消费、保持关注度，以及优化直播内容和策略。

1. 主播的个人魅力

优秀的主播具备良好的表达能力、专业知识、幽默感及亲和力。主播的个人魅力能够吸引观众关注，提高直播间的人气。

2. 实时互动

直播带货的一个重要优势是实时互动。主播与观众之间的互动可以提高观众的参与度和黏性，从而提高转化率。

3. 产品品质

优质的商品是直播带货成功的关键。主播需要挑选符合观众需求、性价比高的商品，以增加观众的购买意愿，让观众更容易产生复购行为。

4. 营销策略

主播需要运用各种营销手段吸引观众，如优惠、赠送、抽奖等，以刺激消费。

5. 专业知识

主播需要具备一定的行业知识，以便为观众提供专业的建议，增加观众的信任度。

6. 售后服务

优质的售后服务可以提高消费者的满意度，为主播建立良好的口碑，形成稳定的粉丝基础。

7. 供应链

优秀的供应链可以确保商品质量、价格优势和商品出货配送快速响应。

8. 内容创新

主播需要不断尝试新的内容形式，以保持观众的关注度，提高直播间的竞争力。

9. 数据分析

运用数据分析工具来了解观众的行为和购买习惯，帮助主播优化直播内容和策略，提高销售效果。

1.3 直播带货的盈利模式及利润计算方式

直播带货的盈利模式有多种，本节将介绍多种直播带货的常见盈利模式及其利润计算方式。

1.3.1 直播带货的常见盈利模式

直播带货的常见盈利模式主要包括代销模式（卖别人的货）、自营模式（卖自家的货）、混合模式（代销＋自营）等。

1. 代销模式（卖别人的货）

代销模式是主播通过与品牌商或供应商合作，直播推广他们的商品。这种模式下，主播无须承担库存压力，而是专注于销售和推广。

2. 自营模式（卖自家的货）

自营模式是主播销售自有品牌的商品。这种模式下，主播需要承担库存和产品品质的压力，但可以更好地控制利润和品牌形象。

3. 混合模式（代销＋自营）

混合模式是主播同时销售自有品牌的商品和合作品牌的商品。这种模式充分利用了代销模式和自营模式的优势，增加了收入来源的多样性。

1.3.2 不同模式的利润计算方式

本小节以抖音平台为例讲解不同模式的利润计算方式，直播带货的利润分成方式、平台扣点比例等可能因平台不同而有所差异，同一平台也可能会随时根据平台政策而发生变化，以下思路仅供参考。

1. 抖店模式

抖店模式与佣金模式有所不同，抖店模式是带自己的货，需要扣除产品成本，而且平台扣点比例也不同。

直播每日盈亏表						
月成本／元	月推广成本／元	平台扣点比例	团队提成比例	产品成本比例	退货率	月商品交易总额／元
		假设为5%	假设为5%	假设为30%		

当月每日盈亏统计表						
日期	日推广费用／元	日销售金额／元	日退款金额／元	日利润／元	日支出／元	日盈亏／元
8月1日	计入"日支出"项	10 000	4 000	3 600	2 000	＋1 600
8月2日						
8月3日						

产品成本 =（日销售金额 - 日退款金额）× 产品成本比例，即（10 000-4 000）× 30%=1 800（元）。

团队提成 =（日销售金额 - 日退款金额）× 团队提成比例，即（10 000-4 000）× 5%=300（元）。

平台扣款 =（日销售金额 - 日退款金额）× 平台扣点比例，即（10 000-4 000）× 5%=300（元）。

日支出 = 营销费用（千川、随心推等）+ 每日房租 + 每日固定工资 + 其他，假设为 2 000 元。

日利润 = 日销售金额 - 日退款金额 - 产品成本 - 平台扣款 - 团队提成，即 10 000-4 000-1 800-300-300=3 600（元）。

日盈亏 = 日利润 - 日支出，即 3 600-2 000=1 600（元）。

根据盈亏表，结合自己的商品和营销费用及营销效果，即可推算出盈亏平衡点和投产比。

2. 佣金模式

佣金模式是带别人的货，不需要计算产品成本，但是平台扣点比例与抖店模式不同。目前，抖音直播带货的佣金大致为 5%~40%，不同商品的佣金不同。如果签约了机构，那么最终还需要与机构进行分成。

直播每日盈亏表						
月成本 / 元	月推广成本 / 元	平台扣点比例	团队提成比例	佣金比例	退货率	月商品交易总额 / 元
		假设为 10%	假设为 5%	假设为 30%		

当月每日盈亏统计表						
日期	日推广费用 / 元	日销售金额 / 元	日退款金额 / 元	日利润 / 元	日支出 / 元	日盈亏 / 元
8 月 1 日	计入"日支出"项	10 000	4 000	1 530	1 000	+530
8 月 2 日						
8 月 3 日						

佣金 =（日销售金额 - 日退款金额）× 佣金比例，即（10 000-4 000）× 30%=1 800（元）。

团队提成＝佣金 × 团队提成比例，即 1 800×5%=90（元）。

平台扣款＝佣金 × 平台扣点比例，即 1 800×10%=180（元）。

日支出＝营销费用（千川、随心推等）＋每日房租＋每日固定工资＋其他，假设为 1 000 元。

日利润＝（日销售金额－日退款金额）× 佣金比例－平台扣款－团队提成，即（10 000-4 000）×30%-90-180=1 530（元）。

日盈亏＝日利润－日支出，即 1 530-1 000=530（元）。

3. 佣金模式＋坑位费模式

这种模式通常是拥有数百万或数千万粉丝的知名主播所选择的。商家在向直播平台支付一定数额广告费的基础上，还需要根据主播带货的成交销售额向主播支付一定比例的佣金。坑位费是商家邀请具有影响力的主播进行直播带货时需要支付的一笔费用，主播会利用自身的影响力为商品带来流量，提高销量。

4. 广告费

品牌商或供应商为在直播间展示和推广其商品需要支付一定的广告费。广告费可以是固定的，也可以根据销售金额调整，目的是宣传产品或品牌，以增加知名度。

5. 赞助费

品牌商或供应商为主播的直播活动提供赞助，主播在直播过程中为品牌商或供应商进行品牌推广。赞助费可以一次性支付，也可以按期支付。

1.4　直播带货的专业用语

每个行业都有其约定俗成的行业用语，对于刚刚进入该行业的人们来说，繁杂且难以理解的"术语"往往最让人头疼，下面就来简单了解一些直播带货领域中常见的专业用语。

- GMV（gross merchandise volume，**商品交易总额**）：包括付款金额和未付款金额。
- GPM（GMV per mille，**千次成交金额**）：指平均一千个观众下单的总金额，常用于衡量直播间的卖货能力。
- KOL（key opinion leader，**关键意见领袖**）：指具有影响力的社交媒体人物，可以影响粉丝的购买决策。
- MCN（multi-channel network，**多渠道网络**）：指为多个内容创作者

提供资源和服务的组织，帮助他们在社交媒体平台上增加曝光度和收入。

- CPM（cost per mille，**千次展示成本**）：用于衡量广告投放的成本效益，通常指每一千次展示的费用。
- CPC（cost per click，**单次点击成本**）：广告商为每次点击广告支付的费用。
- CTR（click through rate，**点击率**）：指用户点击广告的次数与广告展示次数之比。它是衡量广告效果的重要指标。
- ROI（return on investment，**投资回报率**）：用于衡量广告投资产生的收益与投资成本之比。
- **转化率**：指用户从看到广告或直播内容到实际购买商品的比例。
- **弹幕**：实时显示在直播画面上的观众留言。它可以增加观众与直播间的互动，提高观众黏性。
- PK（player killing，**玩家决斗**）：在直播中指两位或多位主播进行竞技对决，争取获得更多的关注和打赏。
- **打榜**：直播间观众通过打赏、送礼物等方式支持喜欢的主播，提高主播在平台上的排名。
- **秒杀**：一种限时、限量的抢购活动，通常商品价格会比平时低很多。
- **连麦**：一种直播间主播与观众进行实时语音或视频互动的功能。
- **直播预告**：主播提前发布的直播主题、时间和内容，有助于吸引更多观众参与直播。
- **粉丝福利**：为增加观众黏性和互动数，主播会通过抽奖、赠品等方式回馈粉丝。
- **定向降价**：针对特定用户群体提供的折扣优惠，如新用户、老用户等。
- **私域流量**：指品牌或主播通过私人社交渠道（如微信、QQ 等）与消费者建立关系，可提高用户黏性和购买转化率。
- **场观**：全称为单场观看量，也就是一场直播到底有多少人观看过。
- UV（unique visitor，**独立访客**）：表示在一定时间内访问直播间的不同用户数量，每个用户只计算一次，不论他们实际访问了多少次。
- **客单价**：指每个消费者在直播过程中平均购买的商品金额。

第2章

开通抖音直播带货

本章内容简介

本章主要围绕开通抖音直播带货的内容展开学习。通过本章的学习，读者可以掌握从如何起名到如何开通直播带货功能，再到如何在直播间上架商品及设置福利等。

重点知识掌握

- 打造自己的直播 IP
- 开通直播带货
- 商品上架的不同形式
- 设置直播间福利

2.1　打造自己的直播 IP

IP 是直播带货时观众对主播的标签、印象。合理的 IP 标签会更精准地吸引粉丝，也就能更好地输出内容并进行变现。

2.1.1　新手账号如何起名

账号名称是主播形象和内容的展示，好的账号名称可以让人们迅速了解主播的特点和直播内容。账号名称应简洁、易记，避免出现生僻字、符号等，以便用户搜索。以下是几种有效的账号命名方式。

1. 行业 / 主题 + 形容词 / 修饰词 + 名字

名称	命名逻辑
健身教练小杨	健身 + 专业 + 亲切感人名
时尚达人阿梅	时尚 + 达人 + 潮流感人名
瑜伽教练王姐	瑜伽 + 专业 + 亲切感人名
美食探险家小张	美食 + 探险家 + 亲切感人名

2. 专业型

名称	命名逻辑
实用健康小贴士	实用 + 健康 / 专业
财经大咖李风	行业 + 人名
神奇厨房之旅	借鉴知名书籍 / 电影 / 音乐作品
茶艺之道	简洁明了，富有内涵

3. 地区 + 行业 / 主题 + 名字（适用于需要本地流量转化变现的情况）

名称	命名逻辑
上海美食探险家小王	地名 + 美食 + 好记的人名
成都购房专家张大侠	地名 + 房产 + 好记的人名

4.富有趣味的账号名字，吸引有趣的人关注

名称	命名逻辑
奇葩小发明家	突出创意、新奇的特点
搞笑达人小丸子	展示幽默、搞笑的氛围
喵星人的日常	利用动物形象，引发好奇心
光头小工哥	利用特色形象

2.1.2 确定账号的目标人群

在开始拍摄视频之前，首先要确定账号对标的目标人群。如果只是为了分享生活中的点点滴滴，则无所谓目标人群。但是，如果想要使短视频上"热门"，想要不断精准地积累粉丝，并通过前期积累粉丝实现后期"变现"，那么确定账号目标人群是最重要的一步。

例如，目标人群为家庭主妇、健身爱好者、创业者、考研学生等。分析目标人群的特征、喜好、行为模式等影响消费行为的因素，推导出消费习惯、消费力，为筛选出适合面向目标人群的变现方式奠定基础。

2.1.3 分析目标人群的需求，精准输出短视频作品

在确定账号的目标人群之后，需要对目标人群的需求及喜好进行分析，然后从中有选择性地设计短视频内容。下面为部分群体的内容偏好。

目标群体	内容偏好
家庭主妇群体	家庭教育、衣物收纳、实用妙招、瑜伽、烘焙、美容、花卉……
创业者群体	创业经验、创业避雷、创业逻辑、创业故事……
餐饮经营者群体	同城探店、品牌 IP、餐饮加盟……

建议创作者专注于垂直领域，也就是一直为特定群体提供特定服务。例如，专注于 3C（计算机、通信、消费电子产品）数码产品测评的账号就不要发考研英语类的短视频。专注于某一个方向，更有助于增强账号的辨识度。通过垂直定位特定领域的账号，可以让账号在海量的流量池中快速捕捉到目标人群，这样后期更容易变现，这种账号也被称为"垂直账号"。

2.1.4　强化 IP 人设

确定了账号目标人群、分析了目标人群的需求后，接下来就要有目的性地将账号打造为识别度强的 IP，营造出特定的"人设"。IP 人设奠定了观众对创作者的印象，而这些印象大多来自视频中的视觉符号、声音元素。人设独特性越强，短视频的个人风格就越强，粉丝的黏性也就越高，后续直播带货的商品选择也就越精准。

塑造独特的人设可以在垂直领域里吸引更多的粉丝，为以后"橱窗"带货或者直播带货提供更多的变现机会。从这方面来说，粉丝不一定是越多越好，而是越精准越好。那么如何营造适合自己的 IP 人设呢？首先来问自己几个问题：我是谁？我有什么别人没有的特别之处？我能提供哪些高质量的内容？

如果生活在国外，那么可以拍摄国外的日常生活、风景；如果擅长 Photoshop 修图，那么可以制作 Photoshop 修图技巧类短视频；如果是生活小能手，那么可以拍摄生活中的小技巧；如果是珠宝从业人员，那么可以教别人如何辨别珠宝的真假、如何购买价格实惠的珠宝；如果在乡下居住，那么可以拍摄田园生活、乡村美景等。

亲切居家人设	
当直播中的主播展现出亲切、和蔼的氛围感时，观众更容易产生共鸣和信任。 　　这类直播间的互动率和转化率较高，具有较强的"吸粉"能力。直播带货商品可以选择生活用品等。	
专业权威人设	
主播在直播中展示自己在某个领域的专业知识，使观众信任他们提出的建议。这种直播间的观众更有可能根据主播的推荐进行购买。直播带货商品可以选择健康产品、专业设备产品等。	

趣味搞笑人设

直播间内充满欢乐和幽默，主播以轻松的方式展示商品，观众在欢笑中更容易接受产品推荐。这类直播间的观众黏性较高，购买转化率也较高。直播带货商品可以选择食品、家居用品、创意礼品、玩具等。	

实用达人人设

主播分享日常生活中的实用小技巧，如厨房烹饪小技巧、家居整理小技巧等，让观众感受到实用性并产生购买欲望。这类直播间的观众更容易产生购买行为。直播带货商品可以选择家居用品、厨房用具等。	

时尚达人人设

主播在直播中展示时尚潮流、穿搭技巧等，吸引对时尚感兴趣的观众。这类直播间的观众群体对产品的关注度较高，购买转化率也相对较高。直播带货商品可以选择服装、鞋包等。	

艺术爱好者人设

主播展示自己在艺术领域的兴趣和才能，如唱歌、跳舞、绘画等。这类直播间的观众更容易产生共鸣，并有可能在兴趣的驱动下购买相关产品。直播带货商品可以选择艺术用品、教程等。

生活达人人设

主播分享自己的生活方式，如瑜伽、静心冥想等。这类直播间的观众更容易购买改善生活品质的产品。直播带货商品可以选择保健品、家居用品等。

挑战者人设

主播接受各种有趣的挑战，如体验不同的运动、尝试特殊的美食等。这类直播间的观众喜欢新鲜事物，更容易购买具有挑战性的产品。直播带货商品可以选择户外用品、新奇物品等。

2.1.5　针对目标人群精准带货

建议直播账号做自己擅长的内容，而且尽量做"垂直"内容。例如，持续输出美食类短视频。

如果持续输出美食类短视频，那么账号会拥有大量热爱美食的粉丝。既然粉丝群体的构成很精准，那么在账号进行直播带货时，选品就变得更简单。下图为该账号直播带货时的产品。

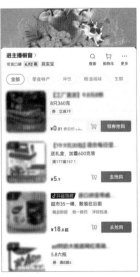

2.2 开通直播带货

在抖音平台中申请开通"带货权限",就能同时获得"商品橱窗""视频购物车""直播购物车"功能。通过使用这些功能,可在个人首页、短视频以及直播中带货。

2.2.1 开通直播带货的基本要求

想要在商品橱窗、短视频、直播中推广商品,首先需要满足以下要求。

(1)实名认证。

(2)商品分享保证金 500 元。

(3)发布并审核通过的视频数量≥10 条。

(4)账号粉丝数≥1000。

可以按照以下步骤进行操作。

步骤 01 在抖音 App 中点击右下角的"我"按钮,然后点击右上角 ☰ 按钮,在菜单列表中选择"创作者服务中心"。

步骤 02 进入"创作者服务中心"后点击"全部分类"按钮。

步骤 03 在"功能列表"页面中,点击"商品橱窗"按钮。

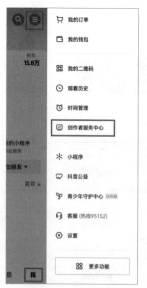

步骤 04 点击"成为带货达人"按钮。

步骤 05 点击"带货权限申请"按钮，并进行"开通收款账户"操作。

步骤 06 根据提示完成申请要求，即可开通带货权限。

步骤 07 成功开设橱窗后，根据要求添加商品，访客就可以在创作者的抖音主页中看到"进入橱窗"选项。

步骤 08 在短视频中添加"视频购物车"，用户可以在短视频左下角和评论区中看到商品购买入口。

步骤 09 也可以在直播过程中使用"直播购物车"功能。

2.2.2　开播第一步

打开抖音 App，点击页面下方中间的"+"按钮，然后点击"开直播"按钮，即可看到当前准备直播的界面。

2.2.3　完善直播信息

直播前需要填写的字段如下。

（1）封面：贴合直播内容的图片和真人照片，有助于用户进入直播间（正方形最佳）。

（2）标题：反映直播内容，吸引用户观看（10 字以内）。

（3）选择直播内容：搜索"购物 / 电商"关键词并选中，有助于获得更多兴趣相投的观众。

（4）选择话题：添加适配的话题，有助于获得更多精准的流量曝光。

2.2.4　把商品加入直播间购物车

直播带货的受众群体非常大，这就给创作者提供了更多的机会。目前，不仅可以销售实物商品，一些虚拟商品或服务也可以在直播间进行销售。

1. 在选品广场挑选商品

在选品广场中可以将合适的商品加入个人橱窗，新人专区的商品更容易开单。

加橱窗流程如下：在商品橱窗中点击"选品广场"按钮，然后挑选合适的商品并点击"加橱窗"按钮即可。

2. 先添加商品，再开直播

想在直播中带货需要先开通抖音购物车功能，并在橱窗中添加商品。进入"开直播"页面，然后点击"商品"按钮；选择此次直播需要销售的商品，点击"添加"按钮；添加商品后，设置好对应的开播信息，点击下方的"开始视频直播"按钮即可。

需要注意的是，商品的标题、信息及商品主图是否符合平台的规定，这部分可以在"创作者服务中心"里找到"商品管理规范"并查看相关内容。

3. 先开直播，后添加商品

如果想先开播再陆续添加商品，那么可以在开播界面，点击"购物车"按钮，再进行"添加直播商品"操作。

2.2.5 选择商品的方式

在抖音进行直播带货时，选择商品的方式有很多。

（1）在"我的橱窗"页面中，可以直接选择商品，前提是事先将商品从选品广场添加到橱窗中，并支持通过关键词搜索。

（2）如果抖音账号与商家店铺有绑定关系（店铺的官方账号或自播账号），系统会自动读取对应店铺中在售的商品。通过点击"我的小店"按钮，可以看到这些商品，可将其直接添加到直播间中，并支持通过关键词搜索。

（3）参与了专属计划的主播，可以在抖音平台上看到专属计划中可售卖的商品，这些商品不对外开放。

（4）如果已经与商家建立联系并获得了

要推广的商品链接，可以点击右上角的"粘贴链接"按钮，直接复制链接并添加商品。

2.2.6　添加商品卖点

挑选完商品之后，回到购物车页面，点击"管理"按钮，进入直播商品管理界面。在这里可以进行以下操作：

（1）设置商品卖点。可以输入不超过 15 个字的商品卖点，这将显示在直播间购物车清单中。巧妙地利用卖点有助于提高转化率。

（2）更改商品排列。按住商品底部的"移动"按钮，可以调整商品的排列顺序。

2.2.7　开通"抖音小店"

抖音小店是抖音电商平台为商家提供的一项用于商品销售的功能。开通抖音小店后可以销售自己的商品，也可以与优秀的创作者合作销售自己的商品，从而产生收益。

以下为目前抖音平台对入驻抖音小店的用户的部分需求，具体情况可以到抖音平台查看。

（1）需提供企业 / 个体工商户营业执照。

（2）需提供法定代表人 / 经营人身份证信息。

（3）需提供银行账户信息。

（4）需提供商标注册证及授权书。

（5）需提供银行开户许可证。

（6）进入个人入驻页面之后，根据实际情况填写个人身份信息。

（7）个人身份信息填写完成后，填写抖音小店店铺信息，按照要求填写店铺的名称、主营类目、店铺 LOGO 等。

（8）如果选择特殊主营类目，那么需要在其他信息里提交相关资质。

（9）缴纳保证金。涉及类目的总数越多，要缴纳的保证金就越多。在经营过程中，若变更类目，对应的保证金高于原保证金的，需要补交差额部分。

开通"抖音小店"的具体步骤如下。

步骤 01 首先在抖音 App 中点击右下角的"我"按钮，然后点击右上角 ≡ 按钮，在菜单列表中选择"创作者服务中心"。

步骤 02 进入"创作者服务中心"后点击"全部分类"按钮。

步骤 03 在"功能列表"页面中点击"开通小店"按钮。

步骤 04 点击"立即入驻"按钮。

步骤 05 随后根据要求填写相关信息即可。

步骤 06 观众点击账号主页的"进入店铺"按钮，可以跳转至该账号抖音店铺。

2.3　商品上架的不同形式

直播带货的形式很多，常见的有小黄车、预售、闪购、拍卖、小风车等。

2.3.1　小黄车

"小黄车"是直播带货领域最常见的形式。主播可以将讲解的商品添加购买链接，观众打开"小黄车"后，即可看到一个个的商品链接。观众不仅可以选择购买当前商品，还可以购买其他链接中的商品。

适用商品：大部分商品，如日用百货类商品等。

2.3.2　预售

"预售"是对直播带货中没有正式上市的商品提前进行销售。

适用商品：服装、家电、数码产品等。

抖音直播带货中的预售特点如下。

（1）提前销售：预售是商品正式上市前提前进行销售，提高了商品的关注度和热度。

（2）打折优惠：预售期间通常会有一些优惠策略，如折扣、赠品等，吸引了更多的观众关注和购买。

（3）测试市场反应：预售可以提前测试市场反应、预测产品销量，有助于厂商在上市前做好备货和生产计划。

（4）建立品牌忠诚度：预售能够建立品牌忠诚度，增加品牌的知名度和美誉度。

（5）商品类型适用：预售对于周期性和时效性比较强的商品特别有效，如服装、美妆、数码产品等。

2.3.3　闪购

"闪购"是抖音直播带货中一种限时限量的促销方式，主播设定短时间内售出一定数量的商品，观众需要在规定的时间内抢购。闪购可以激发观众的购买欲望，提高购买率和成交率，适用于拥有较高品质和价格的商品。

适用商品：花卉、古玩、茶壶、瓷器等收藏品类的商品。

抖音直播带货中的闪购特点如下。

（1）限时限量：主播在直播间宣传商品时，设定短时间内售出一定数量的商品，激发观众的购买欲望。

（2）提高转化率：闪购能够在更短的时间内让观众下单，从而提高购买率和成交率。

（3）适用商品范围：闪购对于收藏品、时尚配饰等拥有较高品质和价格的商品特别有效。

（4）提高曝光度和关注度：闪购可以为主播和品牌增加曝光度和关注度，从而提高品牌的知名度和美誉度。

（5）激发观众的购买欲望：由于闪购的商品数量有限，观众会有时间和数量的压力，从而激发购买欲望，提高直播带货的转化率。

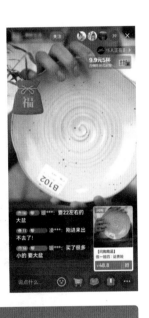

2.3.4　拍卖

"拍卖"与"闪购"很像，是直播带货过程中主播在直播间展示某种商品时口头设置一个最低价，然后直播间的观众通过发送"弹幕"的方式进行加价，最终主播用最终价格放上链接，观众拍下。

例如高端盆景，主播出起拍价，以 10 元为幅度增加价格，观众在直播间可以回复自己要出的价格，最后主播确定哪位观众竞拍成功，并且在直播间询问该观众的手机号码后四位，以确定是否正确。助理设置当前拍卖的最终价格为售卖价

格，该观众下单即可。

适用商品：古玩收藏、艺术品、珠宝首饰、盆景等商品。

2.3.5　小风车

"小风车"是直播带货中特定商品的互动方式。观众观看直播后，点击"小风车"按钮，即可进入后台与企业互动。这种上架方式适合较贵的商品。

适用商品：汽车、旅行产品等。

2.4　设置直播间福利

在直播时主播可以通过设置福利让观众留在直播间，包括福袋、超级福袋、优惠券、红包等。

2.4.1　福袋

"福袋"是直播间主播设置的福利类型，观众通过点击"福袋"按钮，然后点击"去发表评论"或"加入粉丝团"按钮参与活动并抽取抖币。

设置福袋的目的：

（1）领取福袋，发送弹幕，引导直播间的其他观众进行互动。

（2）领取福袋，加入粉丝团。

（3）增加直播间的观众参与活动的停留时间。

2.4.2　超级福袋

"超级福袋"是直播间主播设置的福利类型，观众通过点击"超级福袋"按钮，然后点击"一键发表评论"或"加入粉丝团"按钮参与活动并抽取福利商品。

设置超级福袋的目的：

（1）领取超级福袋，发送弹幕，引导直播间的其他观众进行互动。

（2）领取超级福袋，加入粉丝团。

（3）增加直播间的观众参与活动的停留时间。

2.4.3 优惠券

"优惠券"是直播间主播设置的福利类型，观众通过点击"券"按钮即可领取直播间的优惠券。

设置优惠券的目的：

（1）领取优惠券，在直播间下单即可享受优惠，促进成交。

（2）提升观众对主播的好感。

2.4.4 红包

"红包"是直播间主播设置的福利类型，观众在直播间停留直至开抢时间后通过点击"红包"按钮即可抽取福利红包。

设置红包的目的：

（1）提升观众在直播间的停留时间。

（2）提升观众对主播的好感。

第3章

直播选品策略与供应链管理

本章内容简介

　　本章主要围绕直播选品策略与供应链管理展开学习，包括选品标准、货品货源、热销商品、供应链选择、价格策略等内容。

重点知识掌握

- 选品策略与方法
- 直播带货在哪找货源
- 怎样找到当前热销的爆款商品
- 供应链管理与优化
- 制定合理的价格策略以提高销售业绩

3.1　选品策略与方法

在直播带货中，确定直播内容方向和特色，了解目标受众，根据市场需求和趋势选择商品，以及建立完整的选品标准和流程，这些都是重要的选品策略与方法，能够提高销售业绩。

3.1.1　先确定目标受众和直播方向，后确定卖什么货

在积累了大量粉丝后，可以开始考虑如何盈利。电商直播带货是变现的直接方式之一。选择合适的商品很重要，好商品可以带来丰厚回报；不合适的商品则难以吸引购买者。有的明星参与直播，但销售数据不佳，原因可能是商品选择不当。

因此，在直播前，需分析账号的定位和粉丝类型——找出关注内容的观众，了解需求，确定推广商品的类型。可以通过蝉妈妈、抖查查等平台分析粉丝群体，获取性别比例、地域分布、年龄分布等数据。

例如，短视频账号以分享生活小窍门为主，目标受众可能是家庭主妇。查看账号的粉丝画像，有账号粉丝、视频观众、直播观众。在"性别分布"中女性占比超90%；在"年龄分布"中，24～30岁的"账号粉丝"最多，24～40岁的"视频观众"最多，31～40岁的"直播观众"最多，其次是24～30岁。那么就可以根据以上统计数据去分析带货的类型。

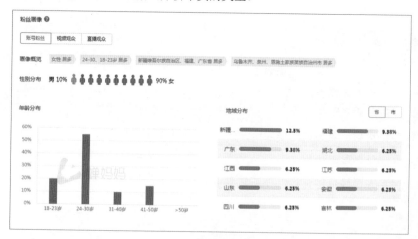

账号粉丝

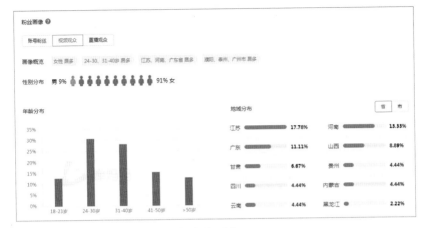

视频观众

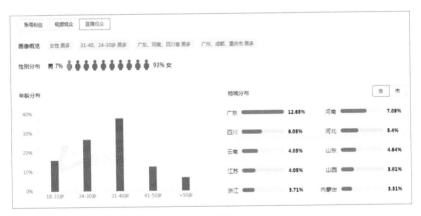

直播观众

此类账号需推广与需求匹配的商品，如厨房用品、小家电等。根据受众特点，选择性价比高的商品更受欢迎。如果商品质量好且与内容相符、广告吸引人，那么可以提高转化率。

1.确定直播内容方向

首先，明确自己的直播内容方向和特点。例如，可以专注于时尚、美妆、家居、科技等领域。明确方向有助于有针对性地选择商品。

2.深入了解目标受众

分析粉丝群体，了解他们的年龄、性别、兴趣等特点，以便挑选符合他们需求和喜好的商品。

3.1.2　分析市场需求与趋势

根据市场调查，了解消费者的需求，关注行业动态和市场趋势。例如，通过数据分析发现护肤品市场近年来呈上升趋势，因此可以重点关注护肤品的选品。

1.市场需求

（1）个性化的需求增强。随着消费者对护肤知识的逐渐深入，其对护肤产品的需求也更加个性化和专业化。消费者越来越倾向于根据自己的肤质和肌肤问题选择专业、有针对性的产品。

（2）对绿色、天然、无刺激产品的需求增加。随着消费者对健康生活方式的追求，其对护肤品的要求也在向绿色、天然、无刺激的方向发展。消费者越来越重视产品成分，希望使用的产品对身体无害、对环境友好。

（3）对科技护肤产品的需求增加。随着科技的发展，科技护肤产品（如智能美容仪器、定制护肤品等）也受到越来越多消费者的欢迎。

2.市场趋势

（1）线上销售额持续增长。随着电子商务的发展和消费者购物习惯的改变，护肤品的线上销售额持续增长。直播和短视频已经成为护肤品销售的重要渠道。

（2）品牌多元化。随着市场竞争的加剧，品牌差异化和多元化成为一种趋势。消费者可以根据自己的需求和喜好，选择不同品牌和系列的产品。

（3）男士护肤市场需求增长。过去，护肤品市场以女性为主，但近年来，男士护肤市场需求也在迅速增长。男性消费者开始重视护肤，并愿意在这方面进行投资。

（4）抗衰老护肤产品市场增长。随着人口老龄化的趋势，抗衰老护肤产品的市场需求也在增长。

3.1.3　选品标准、流程与要求

在直播带货中，选品标准与流程对于提高销售业绩至关重要。以下是常用的选品标准、选品流程与选品要求。

1.选品标准

选品标准是选品的关键，应该考虑商品的品质、价格、品牌、销售潜力和直播友好性等因素，以满足消费者的需求并提高销售业绩。

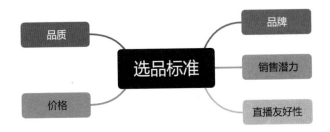

（1）品质。商品品质是选品的关键。商品须通过国家认证或行业认证，符合相关质量标准，能够满足消费者对品质的期望。

（2）价格。商品价格需要具有竞争力，可以是高性价比或在特定品类中具有优势的商品。

（3）品牌。选择有一定知名度或具有潜力的品牌，以增强消费者的信任度和购买意愿。

（4）销售潜力。商品应具备一定的市场潜力，满足消费者当前的需求和市场潮流趋势。

（5）直播友好性。商品需要适合在直播的环境下展示和推广，如易于展示、操作简便、效果显著等。

2. 选品流程

选品流程包括市场调研、筛选符合标准的产品、评估市场潜力、与供应商洽谈合作、测试产品在直播中的表现、分析测试结果、制定直播计划和执行直播并持续优化等环节，以确保选品的高效性和准确性。

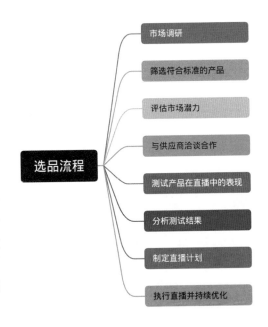

（1）市场调研。通过网络搜索、行业报告、市场调查等方式了解市场趋势以及消费者的需求。例如，调查发现最近很多消费者对健康饮食产生了浓厚兴趣，因此可以考虑选购一款有机食品作为直播产品。

（2）筛选符合标准的产品。根据选品标准，筛选出符合条件的产品。例如，筛选出一款有机坚果，它具有品牌知名度、高性价比和符合市场潮流等特点。

（3）评估市场潜力。分析所选产品在市场上的竞争优势、目标消费者群体等因素。例如，分析有机坚果在市场上的竞争对手，以及它们各自的优势和劣势。

（4）与供应商洽谈合作。联系有机坚果的供应商，了解产品详细信息、采购价格、合作模式等。例如，与供应商确定合作模式为佣金模式，并商定佣金比例。

（5）测试产品在直播中的表现。在直播环境中尝试展示和推广所选产品，观察消费者的反馈。例如，在直播中介绍有机坚果的品牌背景、口感、营养价值等，观察观众对此的反应。

（6）分析测试结果。根据直播中的数据和观众反馈，评估产品在直播中的表现。例如，如果有机坚果在直播中的销售表现优异，获得了观众的好评，则可以将其列为常规直播产品；如果表现一般，则可以根据观众反馈进行调整，改进直播展示方式或调整产品组合等。

（7）制定直播计划。根据选品结果，制定直播计划和框架。例如，设计一个以健康饮食为主题的直播，将有机坚果与其他相关产品一同推广。

（8）执行直播并持续优化。在直播过程中，不断优化选品和展示方式，以提高销售业绩。例如，针对观众的提问和建议，调整有机坚果的推广策略，或者根据销售数据调整产品组合。

3. 选品要求

在实际选品中，应注意产品要有易于展示、强互动性、解决痛点、创新性、价格优势、口碑和品质、与主播特点相符等特点，以提高直播带货的效果和销售业绩。

（1）易于展示。直播带货中，产品需要能够在短时间内吸引观众的注意力。例如，一款具有独特设计的创意杯子，其外观吸引人，易于在直播中展示其特点。

（2）强互动性。直播带货的产品应具有较强的互动性，能够激发观众参与。例如，一款拼图游戏，主播可以在直播过程中和观众一起完成拼图，提高互动性和观众黏性。

（3）解决痛点。直播带货的产品应能解决消费者的实际问题。例如，一款快速吸收、不油腻的护手霜，在冬季可以解决消费者因干燥而导致的手部干裂问题。

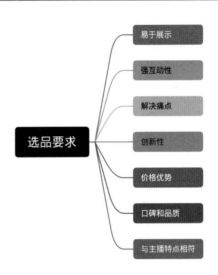

（4）创新性。直播带货中，具有创新性的产品更容易吸引消费者的关注。例如，一款充电宝内置的无线充电功能，让消费者在外出时无须携带多余的充电线，方便实用。

（5）价格优势。直播带货的产品应具有有竞争力的价格，以吸引消费者购买。例如，某品牌的化妆品在直播中提供限时折扣，价格低于市场价，吸引了观众购买。

（6）口碑和品质。直播带货的产品应具备良好的口碑和品质，以便在直播中获得消费者的信任。例如，一款经过权威认证的婴儿用品，在直播中更容易得到消费者的信赖。

（7）与主播特点相符。选择与主播特点、风格和粉丝喜好相符的产品，可以提高直播带货的效果。例如，一位时尚潮流主播推荐的潮牌服饰，更容易获得粉丝的关注和购买。

3.2　直播带货在哪找货源

直播带货的货源很多，常见的包括抖音"选品广场"、电商罗盘、电商平台、品牌商家、自产。除此之外，还有大量的货源 App 等也有一些不错的商品，但需要仔细筛选。

3.2.1　抖音"选品广场"

在抖音的"创作者服务中心"中有一个"选品广场"，里面提供了丰富的商品资源和数据分析，主播可以根据自己的内容定位和粉丝需求进行选品。这种方式非常适合粉丝基数较小的主播。

在"选品广场"中可以浏览各个品类的商品，根据自己的直播内容和粉丝喜好进行筛选；还可以查看商品详情和销售数据，了解商品的市场表现。如果看到适合自己的商品，就可以将其添加到自己的选品库中。

　　如果没有自己的产品，也没有合适的进货渠道，那么在抖音的"选品广场"中选择合适的产品进行销售也是一个不错的选择。进入个人抖音账号后台，接着进入"创作者服务中心"，点击"商品橱窗"按钮，再点击"选品广场"按钮，搜索商品品类，选择合适的产品后点击"加橱窗"按钮，即可将商品添加至自己的"橱窗"中。注意在短视频的内容中要出现该商品，也就是说广告要和商品紧密联系。

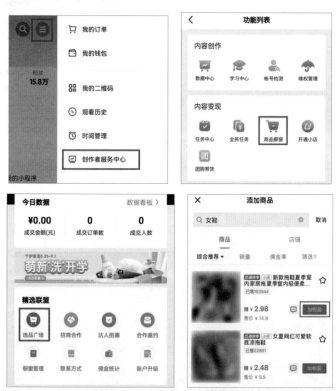

3.2.2　电商罗盘

　　开通抖音小店后，选择要销售的商品是头等大事。选品之前可以借助"电商罗盘"中的"抖音商品榜"功能了解目前市场上产品销售的情况。在电脑上打开"抖店"官网，登录后单击"电商罗盘"按钮，然后依次单击

"商品""抖音商品榜"按钮,即可看到"大盘爆品榜""直播商品榜""达人热推商品榜""短视频带货榜""成交商品榜""实时爆品挖掘",有了这些成功案例的数据,可以更有效地帮助卖家选择商品。

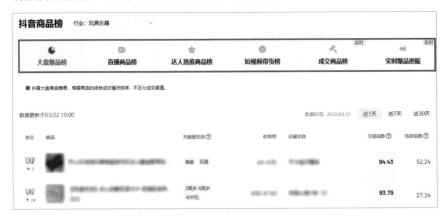

3.2.3 电商平台

在电商平台上找到正在销售的爆款商品,去 1688 或拼多多上直接联系厂家,与厂家谈直播带货的佣金比例。

3.2.4　品牌商家

在直播带货中，主动联系品牌商家可以帮助主播拓展产品供应来源，增加销售渠道和销售额。尤其在账号粉丝量比较大时，可以利用自身的影响力吸引小品牌商家合作，推出专场直播。主播需要注意以下几点。

1. 寻找符合自己定位的品牌

联系品牌商家时，要选择与自己直播内容相符的品牌，以便更好地吸引观众。例如，时尚博主可以联系一些时尚品牌商家。

2. 提前了解品牌产品

在联系品牌商家前，主播需要提前了解品牌的产品信息、故事等。这有助于主播在直播中更加自信地介绍产品，增加观众的信任度。

3. 规划专场直播内容

在确定合作品牌后，主播需要根据品牌产品和受众需求规划专场直播的内容和形式。例如，可与品牌商家一起制定促销方案和礼品活动，吸引受众参与。

4. 协商合作细节

在合作前，主播需要与品牌商家协商合作细节，包括佣金比例、物流安排、推广方式等。此外，主播需要明确双方的权责，规避风险。

3.2.5　自产

除了带其他商家的货品以外，还可以卖自家商品。例如，自己是源头工厂或有"三农"产品，就非常适合带货自家商品。

带货自家商品的好处在于，主播可以掌握商品的质量和价格，更好地把控商品的销售效果。此外，主播还可以通过直播展示自家商品的优势和特点，增加观众的信任度和购买意愿。如果自家商品质量过硬、价格合理，直播效果可能会更好。但需要注意的是，主播需要确保自家商品的质量和服务水平，以避免对品牌形象产生负面影响。

3.3　怎样找到当前热销的爆款商品

随意上架商品是不可取的，别人带过哪些货非常热销？其他电商平台哪些商品销量很大？这些都是在带货之前要考虑的问题。

3.3.1 在抖音"爆款榜"找到热销商品

选择要带货的商品时不仅要考虑到是否与自己账号的类型相匹配,更要考虑到消费者的喜好。作为短视频的创作者同时也是商品的销售者,了解市场上的商品销售情况是非常重要的。抖音平台的"爆款榜"就是一个非常方便的功能,消费者可以从中选择热卖的商品进行购买;"卖家"可以通过查看"爆款榜"了解目前的市场情况,分析哪些品类销售情况较好,哪种商品更受消费者欢迎,并根据这些信息选择商品。

在抖音App的搜索栏中搜索"爆款榜",点击"抖in爆款榜"按钮,即可打开相应的页面,从中可以看到不同品类的热销商品。

3.3.2 在抖音"选品广场"找到热销商品

抖音"选品广场"允许开通商品橱窗的抖音达人进行选品,并将商品加入到橱窗或直播中。

还可以在"选品广场"中搜索"一元包邮",找到很多适合作为福利的商品。

3.3.3　在其他电商平台找到热销商品

在淘宝和拼多多等电商平台上，很容易就可以通过搜索关键词，并按照销量排序来寻找热销商品；还可以查看商品的销售数据、评价数据等信息，从而找到具有竞争力的热销商品。下图为淘宝和拼多多的热销商品示例。

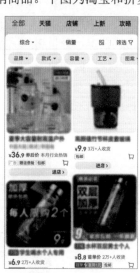

3.3.4　借助其他数据平台找到热销商品

除了在电商平台找到热销商品外，还可以利用第三方数据平台快速找到当前的热销商品。以"蝉妈妈"为例，进入"找爆品"页面，就可以设置"带货分类"，以找到与自己账号匹配的垂直赛道。此外，还可以设置时间范围（如昨天、过去 7 天或过去 30 天），以查看当前热销商品和佣金比例等相关信息。

3.3.5 借助社交媒体找到热销商品

社交媒体的流行度和话题可以帮助我们发现当前热销的商品。例如，在抖音上可以通过搜索相关的话题或关键词来了解当前用户的兴趣和热点，从中找到热销商品。

在抖音的"创作者服务中心"中，找到"了解更多热点榜单"选项，进入"热门话题"页面。在这里，根据自己账号所涉及的垂直赛道，可以快速找到近期的热点话题。基于这些话题的热点，考虑近期可以进行带货的商品类型。

例如，在找到热点话题后，可以进一步挖掘哪些话题是可以趁着热度去带货的。如下图所示，"美食"类别的"榴莲千层""芋泥""千层蛋糕"等就是很好的带货商品。这样就可以轻松地抓住当前的热点美食市场。

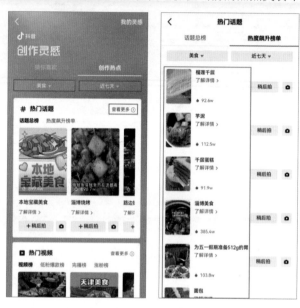

除此之外，还可以通过第三方的数据平台，快速查看"电商热点"热词。

在"蝉妈妈"中可以进入"视频"页面，找到适合自己带货的分类，如"美食"。然后可以按照"销量"或"销售额"进行排序，找到热门带货视频及热门商品。

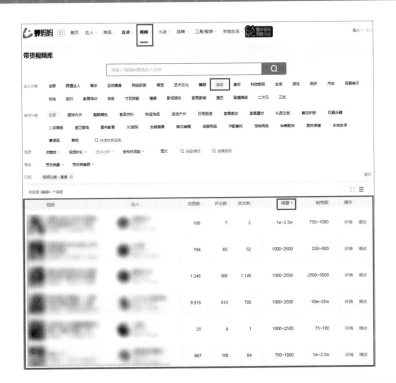

3.3.6　挖掘爆品与潜力品

寻找具有爆发潜力的产品，如某种新型智能手机或独特功能的护肤品；同时关注潜力品，如新兴品牌的化妆品。分析这些产品的优缺点，以及可能在直播中产生的吸引力。

1. 分析市场趋势

关注行业发展趋势，了解热门领域和潮流。例如，最近几年健康养生领域备受关注，因此有机食品、保健品等产品具有很大的市场潜力。

2. 研究竞品

分析竞争对手的热销产品，挖掘其成功的背后原因。例如，某知名美妆博主推荐了一款遮瑕膏，取得了很高的销量。可以研究该产品的特点，如价格、品质、口碑等，了解该产品为何会受到消费者的欢迎。

3. 关注用户评价与反馈

阅读产品的用户评价，了解消费者的需求和痛点。例如，你发现很多消费者在评论中提到一款无线耳机的连接稳定性好、音质优秀，说明这款产品具有爆品潜力。

4. 数据分析

利用数据分析工具，如淘宝指数、抖音指数等，了解产品的搜索量、销量、热度等数据。例如，你发现一款创意家居用品在过去一个月的搜索量和销量呈上升趋势，说明该产品具有爆品潜力。

5. 试销与实验

对于筛选出的潜力产品，可以先进行试销，观察市场反应。例如，在直播中尝试推广一款智能家居产品，发现销售业绩超出预期，说明该产品具有爆品潜力。

6. 结合自身特点

根据你的直播风格、粉丝喜好和专长，挖掘与你定位相符的爆品和潜力品。例如，你擅长健身，可以尝试推广一款功能强大的智能手环，发挥自身优势。

3.3.7　福利品、销量品及利润品

直播间的销售是一个动态的过程，销售的产品并不是随意选择的，为了尽可能留住顾客，同时又要保证销量和利润，直播间中上架的商品主要包括三大类：福利品、销量品及利润品。因此在选品时，要尽量把这三类商品都选择到。

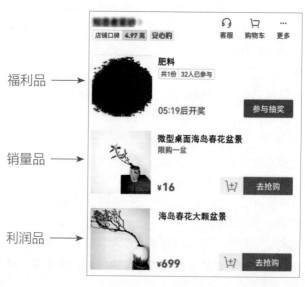

1. 福利品

福利品是指赠送或售卖价格低于平均水平的商品，此类商品能促进密集成交，也就是短时间内出现高成交量，带动直播间人气。

试想，一个新主播，粉丝少、观众少，如果没有福利品，观众又何必在直播间逗留太久呢？所以让观众感受到实惠的福利品是很重要的。眼光放长远一些，直播间人气的增长是有过程的，要先留住人、放福利，让观众在直播间有更长的停留时间，才有可能增加涨粉、加粉丝团、互动的概率。这些都可以通过上架福利品的方式实现，也会在以后的直播中逐渐出现累积效应。直播间会逐渐由全是新粉丝转为老粉、新粉结合的态势，人气也会逐渐上涨。

有什么办法在保留福利品的同时，又能让直播间少亏一点？例如，既定的产品组合是买 1 盆绿植赠送 2 袋肥料，那么可以尝试拆分开，直播福利免费送出 1 袋肥料，然后下单用户再赠送 1 袋肥料。这样就在等量赠送的同时促进了产品的销售。

2. 销量品

销量品是指利润较少但是销量很大的商品，此类商品可带动直播间整体成交量，是福利品之后要介绍的商品。

福利品一定是与销量品密切关联，甚至不可缺的产品。例如，绿植和肥料相组合，以肥料作为福利品。销量品怎么促成密集成交呢？关键还是要价格合理。新直播间不要急于追求高利润，先做足人气，把直播间"养"好。销量品的利润少一点，观众发现你卖得比其他直播间便宜，你就比其他直播间更有优势，自然就可以留住更多人。

3. 利润品

利润品是指价格相对不实惠、高利润的商品。新直播间不要急着上这种利润品，否则会影响直播间的人气。通过福利品、销量品拉动密集成交，引入更多自然流量，然后再带动利润品的成交。

3.4　供应链管理与优化

供应链在直播带货的核心竞争力中也起着关键作用。一个优秀的供应链可以确保商品质量、价格优势和快速响应，从而为直播带货创造价值。

供应链在直播带货中主要起到以下作用。

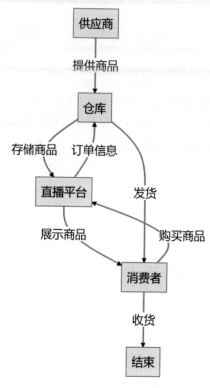

1. 商品采购

建立稳定的供应商关系可以保证商品质量和价格优势。主播需要挑选信誉良好、性价比高的供应商，以满足观众的购买需求。

2. 库存管理

合理的库存管理可以降低存储成本、减少滞销风险，并确保商品及时补货。在直播带货过程中，主播需要关注库存动态，避免断货或货物积压问题的出现。

3. 物流配送

快速高效的物流配送对于直播带货来说至关重要，因为它可以提高消费者的购物体验和满意度。主播需要与可靠的物流公司合作，确保商品能够准时送达。

4. 售后服务

优质的售后服务包括退换货处理、客户咨询等，可以提高消费者的信任度，为主播树立良好的口碑。主播需要与供应商保持良好沟通，确保售后服务得到及时响应。

5. 产品更新

市场环境不断变化，消费者的需求也在不断变化。主播需要密切关注市场趋势，及时更新产品，以满足观众的需求。

6. 质量控制

严格的质量控制可以确保商品质量，提高消费者的满意度。主播需要与供应商合作，确保产品质量符合标准。

3.4.1　选择与开拓货源渠道

1. 品牌直供

与品牌商直接合作，获取一手货源。这样可以让产品的质量有保障。例如，可以直接联系品牌方或授权代理商，与他们洽谈合作事宜。建议在合作前充分了解合作品牌的市场表现、口碑和售后服务，确保品牌的可靠性。

2. 批发市场

在当地的批发市场选购货品。这样可以获取较低的采购价格，提高利润空间。例如，可以去义乌市场、广州白马市场等大型批发市场选购商品。请注意，在批发市场选购时，务必关注产品质量和商家信誉。

3. 电商平台

利用电商平台（如淘宝、天猫、京东等）选择货源。这样可以方便比较价格、查看用户评价。例如，可以在淘宝网上搜索同类产品，通过评价和销量筛选出靠谱的供应商。在选购过程中，请务必关注商家的信誉和售后服务。

4. 社交媒体

在社交媒体平台（如微信、抖音、微博等）寻找有口碑的供应商。这样可以获取更多消费者对产品的真实反馈。例如，可以关注相关领域的微信公众号，通过文章和评论了解供应商的口碑和产品质量。

5. 展会

参加行业展会，寻找优质的供应商。这样可以了解行业动态，发掘新品和潜力产品。例如，可以参加中国进出口商品交易会（广交会）、上海时装周等展会，与参展商家进行面对面沟通，了解产品的特点以及合作条件。

3.4.2　控制与优化供应链成本

在进行直播带货时，为了提高利润率并降低库存风险，可以采用一系列控制与优化供应链成本的策略。

1. 预测需求与销量

通过对过往销售数据、市场趋势以及消费者需求的分析，预测直播带货的需求和销量。通过准确预测需求，可以更好地管理库存和生产计划，降低库存成本。

2. 灵活的生产策略

通过与生产商建立紧密合作关系，采用快速响应的生产方式，以应对直播带货中的销售波动。这样可以在保证生产效率的同时，降低库存积压风险。

3. 优化物流渠道

选择有着良好信誉、服务质量和价格竞争力的物流公司进行合作，确保商品能够快速且低成本地送达消费者手中。此外，还可以通过集中配送、拼团发货等方式降低物流成本。

4. 采购成本控制

与供应商建立长期战略合作关系，通过批量采购和价格谈判，降低采购成本。同时，通过严格筛选供应商，确保产品质量，避免退货和换货带来的额外成本。

5. 数据分析与持续优化

对直播带货的销售数据进行实时监控和分析，以便及时调整供应链策略。通过数据分析，能够发现问题所在并持续优化供应链，控制成本。

3.4.3 把控产品质量

在进行直播带货时，应重视把控产品质量，以确保消费者购买到的产品具有良好的品质和性能。

1. 严格筛选供应商

在选择供应商时，应对其生产能力、质量管理体系以及信誉进行严格审核，确保所选供应商能够提供高品质的原材料和零部件。

2. 制定质量标准

针对每款产品制定严格的质量标准，要求供应商和生产商严格遵守，确保产品质量的一致性。

3. 监控生产过程

安排专业人员对生产过程进行监控和检查，发现问题及时进行整改，以确保产品质量。

4. 出厂检验

所有产品在出厂前须进行严格的检验，只有合格的产品才能进入市场销售。

5. 用户反馈与持续改进

重视用户的反馈意见，通过收集和分析用户评价，不断对产品进行改进和优化，提高产品质量。

3.4.4 保障与管理售后服务

在直播带货中，要注重保障与管理售后服务，以确保消费者在购买产品后能够得到满意的服务。

1.完善的售后服务政策

制定详细的售后服务政策，包括退货、换货、维修等方面的规定，以便消费者在购买产品后遇到问题时能够得到妥善处理。

2.专业的售后服务团队

建立专业的售后服务团队，对服务人员进行严格的培训，确保他们具备专业知识和良好的服务态度。

3.高效的售后服务流程

优化售后服务流程，简化退货、换货和维修的审批流程，提高服务效率，缩短消费者的等待时间。

4.售后服务网络覆盖

建立全国范围内的售后服务网络，确保消费者在购买产品后，能够方便地享受售后服务。

5.持续改进售后服务

通过收集消费者对售后服务的评价，不断优化和改进售后服务。

3.5　制定合理的价格策略以提高销售业绩

在直播带货中，商品定价对于吸引消费者购买和提高销售业绩来说至关重要。通过了解市场环境，设定定价目标，选择合适的定价策略，进行促销活动以及监控和调整价格策略，可实现更高的销售业绩。

3.5.1　了解市场环境与竞争态势

在制定价格策略之前，需要充分了解市场环境和竞争态势，以便更好地满足消费者的需求。

1.分析市场需求与消费者心理

了解消费者的购买习惯、价格敏感度和心理预期，以确定适当的价格区间。例如，在家电行业，消费者可能更关注产品功能和品牌；在快消品行业，消费者可能更关注价格优势。

2.分析竞争对手的定价策略

分析竞争对手的定价策略，以确定自身定价的优势和劣势。例如，在化妆品行业，对比不同品牌的同类产品的价格，从中找到合适的定价策略。

3.识别潜在的市场机会与风险

根据市场环境变化，挖掘潜在的市场机会和识别可能存在的风险。例如，节假日期间，消费者对特定商品的需求可能会增加，如食品、礼品等，此时可将这些商品纳入直播带货产品，并提前做好供应链准备，确保产品质量和供应充足。同时，也需要警惕市场需求下降和竞争加剧的风险，并采取应对措施。

3.5.2　确定定价目标

根据企业战略和市场需求，设定合适的定价目标，以实现销售目标。

1.提高销售收入

通过合理的定价提高销售收入。例如，在直播带货过程中，可采用限时折扣的策略，吸引消费者购买，从而增加销售收入。

2.提升市场份额

通过具有竞争力的价格策略，吸引更多消费者，从而提升市场份额。例如，在手机行业，通过降低部分手机型号的价格，抢占市场份额。

3.增强品牌形象与价值

通过合理的定价策略，塑造品牌形象，提升品牌价值。例如，在奢侈品行业，保持较高的价格有助于塑造高端品牌形象、提升品牌价值。

3.5.3　定价策略与方法

选择合适的定价策略与方法，以实现定价目标、满足市场需求。

1.成本加成法：根据生产成本和利润定价

根据产品成本和预期利润确定价格。例如，在服装行业，成本加成法可以确保每件服装的销售价格覆盖生产成本，并带来一定利润。

2.市场导向法：根据市场需求和竞争状况定价

根据市场需求、竞争对手定价和消费者心理预期设定合适的价格。例如，在家具行业，市场导向法可以帮助企业在竞争激烈的市场中找到合适的价格定位。

3.消费者导向法：依据消费者认知和心理定价

根据消费者对产品的认知和心理预期设定价格。例如，在旅游产品行业，消费者导向法可以帮助企业根据消费者的预算和期望，设定合适的旅游套餐价格。

3.5.4　促销活动与价格策略

通过促销活动和优惠策略刺激消费者的购买欲望，提高销售业绩。

1. 限时折扣：吸引消费者在短时间内购买

在直播带货过程中，设置限时折扣可以刺激消费者在短时间内购买。例如，在化妆品直播带货中，限时折扣可以吸引更多消费者购买。

2. 满减活动：鼓励消费者购买更多商品

设置满减活动，鼓励消费者购买更多商品。例如，在家居用品直播带货中，满减活动可以刺激消费者多购买家居产品，从而提高销售业绩。

3. 赠品策略：提高消费者的购买意愿和价值感知

通过赠品策略，提高消费者的购买意愿和价值感知。例如，在保健品直播带货中，购买指定保健品可赠送小礼品，从而提高消费者的购买欲望。

3.5.5　监控与调整价格策略

在直播带货过程中，监控和调整价格策略至关重要。根据销售数据和市场反馈，可以分析价格策略的有效性和影响，并根据市场变化及时调整价格策略。

1. 跟踪销售数据和市场反馈

实时监控直播间销售额、订单量、客单价等关键数据指标。

关注竞品价格变化和市场活动。

收集观众反馈，了解消费者对价格的认知和接受程度。

2. 分析价格策略的有效性和影响

评估当前价格策略对销售业绩的贡献，分析价格优势和劣势。

判断折扣活动、满减活动等促销活动对销售的拉动效果。

分析消费者心理预期和购买行为，了解价格策略对消费者决策的影响。

3. 根据市场变化及时调整价格策略

如果销售数据不理想，可适当调整价格策略，如增加折扣力度、优化满减活动等。

针对竞品价格变化和市场活动，调整价格策略以保持竞争优势。

结合消费者的反馈，调整价格策略以满足市场需求和消费者的心理预期。

定期评估和调整价格策略，以适应市场变化和实现销售目标。

4. 商品定价策略和利润分配方案

接下来以一款智能手机为例，来了解制定商品定价策略和利润分配方案的思路。

- 商品基本信息

  型号：XYZ 智能手机。

  官方建议零售价：3 000 元。

  生产成本：1 600 元。

- 市场调查

  其他电商平台折扣价：2 700 元。

  实体店售价：2 800 元。

  竞品价格区间：2 600～3 500 元。

- 直播带货价格策略

  为了在直播带货中获得竞争优势，决定将 XYZ 智能手机的直播价定为 2 500 元，吸引更多消费者。

  限时折扣：直播活动期间，前 100 名购买的用户可享受 2 500 元的超低价。

- 利润和分成

  现在，可以计算直播期间销售 XYZ 智能手机的收入和支出。假设某天的日销售金额为 30 000 元，日退款金额为 5 000 元。根据这些数据，可以计算当日的佣金、团队提成、平台扣款和支出。

  佣金＝（日销售金额－日退款金额）× 佣金比例，即（30 000-5 000）× 20%=5 000（元）。

  团队提成＝佣金 × 提成比例，即 5 000×5%=250（元）。

  平台扣款＝佣金 × 扣点比例，即 5 000×10%=500（元）。

  当日支出＝营销费用＋每日房租＋每日固定工资＋其他，假设为 2 000 元。

  日利润＝（日销售金额－日退款金额）× 佣金比例－平台扣款－团队提成，即（30 000-5 000）× 20%-500-250=4 250（元）。

  日盈亏＝日利润－当日支出，即 4 250-2 000=2 250（元）。

  通过按照佣金模式的盈利模式进行调整，得出的直播带货定价策略使得在一天的销售中获得了 2 250 元的盈利。这一策略更符合直播带货的实际情况，能够在保证销售金额的同时确保盈利。

第 4 章
团队建设与管理

 本章内容简介

本章主要学习直播团队的建设与管理，包括组建直播带货团队、团队培训与激励、主播选拔与培训、团队协作与沟通等，旨在提高直播团队的凝聚力、创造更高的带货业绩。

 重点知识掌握

- 组建直播带货团队
- 团队培训与激励
- 主播选拔与培训
- 团队协作与沟通

4.1 组建直播带货团队

组建直播带货团队对于直播带货是极其重要的，合理的团队配置能增加带货业绩、减少成本支出。本节分别以组建小型和大型的直播带货团队为例进行讲解。

4.1.1 组建小型直播带货团队

小型直播带货团队最少可以由 3 个人组成。即使在家，有家人的帮助也能直播。直播带货过程中主要有三种工种：主播、助理、运营与剪辑。

工种	任务描述	核心能力与素质
主播	① 准备直播内容 ② 深入了解产品特点与卖点 ③ 进行直播带货 ④ 与观众互动，回答问题	① 良好的表达能力 ② 丰富的产品知识 ③ 亲和力与互动能力 ④ 应变能力与销售技巧
助理	① 协助主播准备直播内容与道具 ② 负责直播间的观众互动与维护 ③ 协助处理客户疑问与售后问题	① 细心且高度负责 ② 良好的沟通与解决问题的能力 ③ 与主播保持默契 ④ 客户导向
运营与剪辑	① 研究市场趋势与竞争对手 ② 数据分析与效果评估 ③ 制定优化方案与活动策划 ④ 负责社交媒体平台的运营与推广 ⑤ 负责直播内容的后期剪辑 ⑥ 制作短视频与宣传片 ⑦ 视觉效果优化与特效制作	① 敏锐的市场洞察能力 ② 数据分析技能 ③ 创意策划与执行力 ④ 熟悉社交媒体平台的规则与推广技巧 ⑤ 熟练掌握剪辑软件 ⑥ 良好的视觉审美

4.1.2 组建大型直播带货团队

组建大型直播带货团队可以实现比较细致的分工。除了台前的工作人员外，还需要大量的幕后人员。具体工种主要包括团队负责人、主播、助理、运营专员、视频剪辑师、客服专员、渠道经理、产品经理、财务管理、市场营销。

工种	任务描述	核心能力与素质
团队负责人	① 确立团队目标与策略 ② 分配团队任务与资源 ③ 跟进项目进度并执行 ④ 维护团队成员的沟通与协作	① 出色的领导力 ② 优秀的沟通能力 ③ 快速决策和解决问题的能力 ④ 对直播行业的熟悉程度
主播	① 准备直播内容 ② 深入了解产品特点与卖点 ③ 进行直播带货 ④ 与观众互动，回答问题	① 良好的表达能力 ② 丰富的产品知识 ③ 亲和力与互动能力 ④ 应变能力与销售技巧
助理	① 协助主播准备直播内容与道具 ② 负责直播间的观众互动与维护 ③ 协助处理客户疑问与售后问题	① 细心且高度负责 ② 良好的沟通与解决问题的能力 ③ 与主播保持默契 ④ 客户导向
运营专员	① 研究市场趋势与竞争对手 ② 数据分析与效果评估 ③ 制定优化方案与活动策划 ④ 负责社交媒体平台的运营与推广	① 敏锐的市场洞察能力 ② 数据分析技能 ③ 创意策划与执行力 ④ 熟悉社交媒体平台的规则与推广技巧
视频剪辑师	① 负责直播内容的后期剪辑 ② 制作短视频与宣传片 ③ 视觉效果优化与特效制作	① 熟练掌握剪辑软件 ② 良好的视觉审美 ③ 创新与合成能力
客服专员	① 解答观众与客户的疑问 ② 处理售后问题 ③ 及时反馈用户的意见与建议 ④ 跟进订单与发货	① 良好的沟通与解决问题的能力 ② 客户导向 ③ 快速响应与处理能力 ④ 对产品的熟悉程度
渠道经理	① 拓展直播平台与销售渠道 ② 策划与平台合作的活动 ③ 监控渠道效果与数据分析 ④ 跨部门协作，确保渠道活动顺利执行	① 商业拓展与谈判技巧 ② 良好的沟通与合作能力 ③ 数据分析能力 ④ 熟悉直播行业与平台政策
产品经理	① 确保产品质量与供应链的稳定 ② 协助主播了解产品特点与卖点 ③ 跟踪产品的市场表现与销售数据 ④ 产品优化与更新建议	① 对产品的深入了解 ② 良好的沟通能力 ③ 数据分析能力 ④ 市场敏感度与判断力
财务管理	① 负责团队财务的规划与管理 ② 监控收入与支出 ③ 为团队成员提供财务指导 ④ 协助团队优化成本与提高盈利	① 财务分析与管理能力 ② 注重细节与精确度 ③ 良好的沟通能力 ④ 具备团队协作精神

工种	任务描述	核心能力与素质
市场营销	① 策划市场营销活动与推广策略 ② 制定广告投放与传播方案 ③ 负责品牌建设与维护 ④ 监控市场营销效果与数据分析	① 创意策划与市场推广能力 ② 品牌意识与传播技巧 ③ 数据分析能力 ④ 熟悉市场动态与竞争态势

4.2　团队培训与激励

团队培训与激励包括提升团队成员的能力与素质、设计激励机制与福利、制定绩效奖励和股权激励。

4.2.1　提升团队成员的能力与素质

1. 定期组织内部培训

为团队成员提供产品知识、销售技巧、直播互动等方面的培训。例如，可以邀请产品供应商为团队成员介绍产品的特点和卖点，或者邀请行业内的直播销售专家分享他们的经验和技巧。

2. 参加外部培训与交流

鼓励团队成员参加行业会议、培训课程和研讨会，以了解行业动态、学习新技能和拓展人脉。例如，可以报名参加抖音举办的直播带货培训课程，让团队成员学习平台政策。

3. 实践与反馈

让团队成员在实际工作中运用所学知识和技能，并鼓励他们分享成功与失败的经验。例如，在每次直播结束后，可以组织团队成员一起总结直播的优点和不足，找出改进的方向。

4.2.2　设计激励机制与福利

1. 制定绩效奖励

根据团队成员的工作表现，给予相应的奖金或提成。例如，可以为主播设立销售目标，达到或超过目标的主播可以获得额外的提成。

2. 股权激励

为长期表现优秀的团队成员提供股权激励，让他们在公司发展中获得更多的回报。例如，可以为核心团队成员设立股权激励计划，让他们在公司盈利时分享公司的成功。

3. 提供职业发展机会

关注团队成员的职业发展，为他们提供晋升和培训的机会。例如，可以为表现优秀的助理提供晋升为主播的机会，或者资助团队成员参加专业培训课程。

4. 员工福利

为团队成员提供良好的工作环境和福利，如舒适的办公空间、餐食、定期体检等。

4.2.3　制定绩效奖励和股权激励

例如，某直播带货团队由 5 名成员组成，包括 1 名主播、1 名助理、1 名运营、1 名视频剪辑师和 1 名客服。为了提高团队成员的积极性和工作效果，团队负责人制定了如下绩效奖励和股权激励计划。

1. 绩效奖励

- **主播**

  设定一个月的目标销售额为 50 万元。达到目标的主播可获得除基本工资（如 8 000 元）以外的提成，提成比例为销售额的 5%。例如，如果主播当月实际销售额为 60 万元，那么他将获得基本工资加提成共 38 000 元（8 000 元 +60 万元 × 5%）的总收入。

- **助理、运营和客服**

  根据他们在直播过程中的工作表现和客户反馈，给予每月最高 2 000 元的绩效奖金。例如，如果助理在直播中表现出色，帮助主播顺利完成任务，且客户反馈也很好，那么他可以获得 2 000 元的绩效奖金。

- **视频剪辑师**

  根据完成的视频质量和播放量，给予每月最高 1 500 元的绩效奖金。例如，如果剪辑师制作的宣传视频在抖音平台上获得了 10 万次播放，那么他可以获得 1 500 元的绩效奖金。

2.股权激励

团队负责人为核心成员（如主播、运营和助理）设立股权激励计划，根据他们在团队中的贡献和工作年限，分配一定比例的公司股权。例如，主播可以获得5%的股权，运营和助理分别可以获得2%的股权。当公司实现盈利时，这些股权持有者将分享公司的利润。

通过这样的绩效奖励和股权激励计划，团队成员将更有动力为公司创造更好的业绩。

4.3　主播选拔与培训：寻找直播带货的灵魂人物

在直播带货行业中，主播是成功与否的关键因素。主播不仅需要有良好的形象和亲和力，还需具备专业知识和销售技巧。因此，选拔和培训优秀的主播至关重要。

4.3.1　主播选拔

选拔过程中需要明确标准、选拔途径和评估流程，以确保找到适合直播带货的主播。

1.明确主播选拔标准

- 个人形象与气质

  主播的外貌和形象需符合品牌定位和受众喜好。例如，化妆品行业的主播需具备时尚气质和专业知识。

- 表达能力与亲和力

  主播需要具备清晰的表达能力与高度的亲和力，以吸引和留住观众。例如，家居行业的主播需具备流畅描述产品细节和优势的能力。

- 专业知识与销售技巧

  主播需熟悉所售商品，并具备销售技巧。例如，服装行业的主播需了解搭配技巧和时尚趋势。

2.主播选拔途径

- 网络选拔

  通过抖音等短视频平台，寻找具备潜力的主播。例如，在美食行业可以关注知名美食博主。

化妆品行业的主播　　　　　家居行业的主播　　　　　服装行业的主播

- 合作机构

　　与直播培训机构、模特公司等合作，选拔具备专业素养的主播。例如，与美妆培训机构合作，选拔专业化妆师作为主播。

- 内部选拔

　　从公司员工或自有资源中挑选合适的主播。例如，内部销售顾问或产品经理在培训后可以成为直播带货的主播。

- 线下选拔

　　从线下，如商场专柜等地方挖掘口才好、形象好的销售进行培训。

3. 主播选拔流程与评估

- 简历筛选

　　筛选符合要求的简历，了解候选人的基本情况和相关经验。

- 面试与试播

　　通过面试了解候选人的沟通能力和专业素养，同时进行试播，观察其直播表现。

- 决策与签约

　　综合评估候选人的表现，选择合适的主播并签约。

4.3.2　主播培训

　　对选定的主播进行培训，帮助他们提升技能并适应直播带货工作。

1. 培训目标与计划

- **提升表达能力与亲和力**

　　通过口才训练、即兴发挥等课程，提高主播与观众的互动能力。

- **掌握专业知识与销售技巧**

　　针对不同行业，提供专业知识培训，如 3C 数码产品的主播需要掌握产品的参数、性能等信息。

- **学习直播间的管理与互动技巧**

　　教授主播如何处理直播间的突发情况、如何与观众进行互动，提高观众满意度。

2. 培训内容与方式

- **产品知识培训**

　　针对所售商品，进行深入的产品知识培训。例如，家电行业的主播需要了解各种家电的功能、使用方法等。

- **销售技巧培训**

　　教授主播如何进行有效销售，包括产品展示、价格策略、促销活动等。

- **互动技巧培训**

　　提高主播与观众的互动能力，包括回答问题、引导话题等。

- **直播节目策划与执行培训**

　　指导主播如何策划有趣的直播节目，吸引观众关注。

3. 培训效果评估与反馈

- **试播评估**

　　通过模拟直播，评估主播的培训效果。

- **实际直播表现**

　　在正式直播中，观察主播的表现以及观众对主播的反馈。

- **销售业绩与观众反馈**

　　分析主播的销售业绩，了解观众的满意度，为后续培训提供改进方向。

4. 持续培训与成长

- **定期复训与学习新知识**

　　主播需不断学习新知识，以跟上市场变化。例如，化妆品行业的主播需要了解最新的美妆技巧和产品。

- 业内交流与分享

　　组织主播参加业内交流活动，与其他主播分享经验，取长补短。

- 个人成长规划与目标设定

　　制定明确的成长目标，激励主播不断提升自己的能力。

4.4　团队协作与沟通

　　建立高效的协作流程和保持良好的团队氛围对于直播带货团队来说非常重要。

4.4.1　建立高效的协作流程

　　为了提高直播带货团队的工作效率和协作能力，建立高效的协作流程是非常重要的，以下是一些建议。

1. 定期召开团队会议

　　每周召开一次团队会议，让团队成员分享工作进展、问题和建议。例如，每周一上午 10 点，全体成员参加团队例会，主播可以汇报上周直播的数据，运营可以分享平台动态，客服可以反馈用户意见等。

2. 制定明确的工作计划

　　根据直播计划，为每个团队成员分配具体的任务和截止日期。例如，运营负责在每月初制定直播内容和活动方案，主播和助理需要在直播前一天准备好直播所需的道具和设备，视频剪辑师需要在直播结束后的两天内完成视频剪辑。

3. 使用协作工具

　　利用在线协作工具（如腾讯文档、钉钉、企业微信等），实时分享工作进展、文件和信息。例如，运营可以在腾讯文档上共享直播策划方案，让其他团队成员查看和评论；客服可以通过企业微信群收集用户的反馈，及时向其他成员汇报。

4.4.2　保持良好的团队氛围

　　良好的团队氛围有助于提高团队成员的凝聚力和工作满意度，以下是一些建议。

1. 鼓励开放式沟通

为团队成员提供一个开放、平等的沟通环境，让他们敢于表达意见和建议。例如，在团队会议上，鼓励每个人畅所欲言，对其他成员的意见表示尊重和支持。

2. 关注团队成员的个人需求

了解团队成员的个人兴趣、发展方向和遇到的困难，尽力提供帮助和支持。例如，为想要提升专业技能的成员提供培训机会，为面临家庭困难的成员提供心理支持。

3. 组织团建活动

定期举办团队建设活动，增强团队成员之间的信任和友谊。例如，可以定期组织户外拓展活动、聚餐、出游等团建活动。

4. 肯定团队成员的贡献

及时肯定和表扬团队成员的工作成果和贡献，激发他们的工作热情。例如，每月评选一名优秀员工，给予表扬和奖励；或者在团队会议上公开表扬表现出色的成员。

5. 有效解决冲突

在团队合作中难免会出现分歧和冲突，需要及时、公正地解决问题，防止影响团队氛围。例如，当团队成员发生争议时，可以邀请第三方进行调解，客观公正地分析问题，找出解决方案。

第 5 章
直播场景与设备准备

本章内容简介

本章聚焦于直播场景与设备准备的学习。内容包括设备选择、直播间布置、灯光配置等，旨在提升直播氛围，增加人气及观众在直播间的停留时间。同时，本章还将介绍如何从零开始搭建个性化的直播间，以及分享创意直播间的设计和实现。

重点知识掌握

- 直播所需设备
- 直播场景布置与氛围营造
- 直播间灯光布置
- 从零开始设计一个有风格的直播间
- 打造更有趣的直播间

5.1 直播所需设备

直播带货需要使用到的设备与录制短视频所需的设备非常相似。如果追求简单、省钱，那么一台手机即可进行直播。如果想要打造专业的直播环境，则需要从拍摄设备、收音设备、灯光设备三个方面做准备。

5.1.1 拍摄设备

1. 普通直播

通常使用手机进行直播带货即可，轻便、灵活，而且可以随时拿起手机拍摄特写产品等。需要特别注意的是：直播前要取出 SIM 卡，并且关闭各种软件提醒，避免直播过程中受到干扰。建议使用一台专门用于直播且拍照效果较好的手机。最好再准备另外一台手机，方便与观众互动。

优点：轻便、操作方便、不受场地限制。

缺点：清晰度一般。

2. 高清直播

较为大型、专业的高清直播间通常会选择使用具有 HDMI 功能的微单、单反或摄像机进行直播，画质更清晰，而且可以进行绿屏抠像直播。但需要注意，使用微单／单反／摄像机进行直播需要配合采集卡以及电脑。部分相机机型无须使用采集卡。

将微单／单反／摄像机连接到采集卡上，然后将采集卡连接到电脑上，在电脑上通过抖音官方提供的"直播伴侣"进行摄像头及画面的设置，完成后就可以进行高清直播了。

优点：高清、专业、可控性强。

缺点：费用高、布置相对复杂。

微单/单反/摄像机　　　HDMI线　　　采集卡　　　USB线　　　电脑+抖音"直播伴侣"

3. 三脚架／手机支架

将拍摄设备固定，保持画面平稳。

4. 提词器

光靠记忆是很难记住很多产品的功能和用法的，这时需要提词器等设备辅助主播进行讲解。在直播时目视前方的提词器会使画面效果更自然。

5.1.2　收音设备

1. 手机自带收音

手机自带收音功能，但距离主播较远，噪声较大，收音效果不佳，不推荐。

2. 领夹式麦克风

小型收音设备，夹在领口收音效果更好，声音清晰、干净、洪亮。

5.1.3　灯光设备

1. 影视灯

为了追求更好的画质，直播间的灯光起到了很大的作用。专业的直播间中通常会使用到带有柔光灯罩以及升降支架的专业影视灯，既可以方便地调整灯光位置以及亮度，又可以得到柔和自然的光照效果。

2. 美颜灯

美颜灯的光线柔和，通常在正面使用，可以达到补光、美白、瘦脸的效果。而且还能将"眼神光"映射到眼睛上，使主播看起来更具有神采。

3. 反光板

人物的背光区可能会出现偏暗的情况，可以将反光板放置在光源的对面，将光线反射到背光区域，使背光区变亮。常用于主播面部的补光，可以使面部结构看起来更加柔和。

5.2　直播场景布置与氛围营造

直播场景布置与氛围营造需要选择合适的直播场地后布置直播场景。把"人、货、场"中的"场"做得专业、有风格才更能打动观众。

5.2.1　选择合适的直播场地

1. 直播带货室内布景

室内场景的选择有很多，如家居空间、实体店、直播基地等。

直播带货室内布景应注意清晰度、整洁度、色彩搭配、灯光使用、道具使用和摄像机角度。

家居空间　　　　　　　　　　实体店　　　　　　　　　　直播基地

2. 直播带货室外布景

室外布景需注意环境安全、适应性、光线掌控、音频质量和摄像机稳定性等。例如，可选公园、海边、山林等室外场景。茶叶商品带货可选择室外茶园，芒果水果带货可选择芒果种植园。直播时要注意安全隐患和环境噪声。

海边　　　　　　　　　　　　山林　　　　　　　　　　芒果种植园

5.2.2　布置直播场景

布置直播场景时有几个关键因素需要细心考虑。

（1）确定直播的主题和风格。这有助于打造出强调商品特性并能提升购物欲望的场景。

（2）清晰明了的布局。通过使用背景板和布艺装饰可以让直播场景更加美观，给观众带来更好的视觉体验。

（3）拍摄角度和位置。支架和稳定设备的运用能确保画面稳定且清晰。

（4）灯光。根据商品和场景的特点选择合适的颜色温度，如选择温暖色调还是冷色调，以更好地展示商品的质感和营造适当的氛围。

（5）道具。与商品相关的道具不仅能使直播内容更加丰富，还能增加观众的购买欲望。

（6）观感和视觉效果。对场景的大小、位置和颜色等因素进行精心调整，以达到最优的直播效果。

5.3　直播间灯光布置

本节学习常用的灯光布置方法。

5.3.1　光的方向

无论是自然光还是人造光，光线的效果都会受到光照射方向的影响。根据光照射主体物的方向，可以将光分为顺光、逆光、侧光、顶光、底光等。不同方向的光所产生的视觉效果以及视觉感受都是不同的。

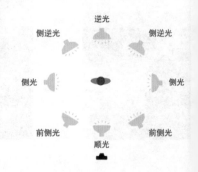

　　在实际的布光中，以上不同方向的光大多是协同使用的。而且不同方向的光不仅可以通过摄影灯得到，也可能来自自然界，还有可能通过反射得到，如使用反光板来补光。

　　下面介绍来自不同方向的光线的效果。

不同方向的光	光位图	展示效果
顺光 　　简介：灯光位于被拍摄者前方，也就是通常所说的正面光。该方式受光均匀、阴影较柔和、色彩饱和。明暗反差较小、立体感较差。 　　用途：适合拍摄美妆类视频，皮肤会显得光滑细腻。		
侧光 　　简介：灯光位于被拍摄者侧面，被摄体的明暗反差、立体感很强。 　　用途：单独使用于人物的拍摄中可营造强烈的戏剧感，适用于讲述故事、渲染情绪。也可用于拍摄商品，强化外形的立体感。		
前侧光 　　简介：灯光位于被拍摄者前方斜45°的位置，既可以使人物面部具有立体感，又不会造成"阴阳脸"。 　　用途：适合拍摄绝大多数场景中人物的布光。		
逆光 　　简介：灯光位于被拍摄者后方。可以清晰地拍出被摄体的轮廓。 　　用途：单独使用可以得到剪影、轮廓光等特殊效果。通常在多灯布光中用于照亮主体物的边缘。		

续表

不同方向的光	光位图	展示效果
侧逆光 简介：灯光位于被拍摄者斜后方45°的位置，可增强人物立体感。 用途：通常在多灯布光中用于使主体物与背景之间拉开层次。		
顶光 简介：灯光位于被拍摄者顶部，使人物头发、额头、颧骨上方、鼻子上方很亮，而眼窝内、脸颊两侧、鼻下、脖颈处很暗。最常见的顶光为天花板处的灯以及晴天正午12点的日光。 用途：可在多灯布光中用于照亮人物头顶。		
底光 简介：灯光自下而上照射被摄主体。 用途：单独使用在人物的布光中，常用于营造出恐怖、阴险、诡异的人物形象。也可用于人物全身出镜的场景中，对下半身进行补光。		

5.3.2　简单 + 实用：一盏灯也能创造"美人光"

在拍摄女性半身出镜的直播时（如美妆类），人物的面部需要得到充分且柔和的照明，避免面部出现大面积过暗的阴影。

对于新手朋友来说，灯光设备的购买与使用可能都存在一定的障碍。实际上，想要拥有"合格"的光照，并不一定需要很多灯光，首先可以从一盏灯开始。例如，一盏环形的美颜灯，或者一盏带有柔光罩的专业影视灯。

　　将灯光放置在人物的正前方，拍摄角度与光线方向一致时人物面部更柔和。也可以尝试将灯光位置适当调高，向下照射人像，会增强人物面部的立体感，形成"蝴蝶光"。

5.3.3　三点布光，拍出高清画面

　　在室内空间中，自然光可在一定程度上发挥作用。但自然光的使用充满不确定性。所以在室内空间拍摄时，更多地需要依赖人造光。

　　人造光的可控性更强，可根据拍摄场景及需求配置或简单或复杂的光照系统。下面来介绍一种简单的布光方式：三点布光。这种布光方式适合1~2人，在家里或是面积较小的简单室内空间录制视频或直播。

　　第一步：主光

　　在人物一侧45°斜上方布置主光源。具体位于人物的哪一侧，可以取决于更想展示哪一侧的脸。为了避免其他光线的干扰，可关闭房间照明灯光，并拉上窗帘。

第二步：辅助光

有了主光后，人物一侧被照亮，但是另外一侧会偏暗，脸部可能会出现明显的阴影。所以需要在主光对侧的位置添加辅助光，以照亮暗面。如果另一侧偏暗严重，则可以使用第二盏摄影灯，亮度可适当低于主灯。

如果偏暗问题不严重，则可以使用反光板，在暗面反射主灯的光线，以起到补光的作用。反光板是个方便且性价比高的工具，不仅在室内拍摄时可以使用，在室外拍摄时也可以使用。反光板的尺寸有大有小，如果需要人物全身出镜，则需要购买大一些的反光板。如果家里有任何白色的板子，也可以临时充当反光板。

第三步：轮廓光

此时的人物已经被照亮了，但是人物与背景之间如果存在一定的模糊不清的情况，就需要使用第三盏灯。在人物的斜后方，添加一盏射向人物背面的灯。这盏灯可以使人物边缘变亮，从而有效地将人物从背景中分离出来。

5.3.4　复杂的坐播带货直播间布光

当直播间空间较大时，三点布光可能不足以照亮整个场景。可以在三点布光的基础上对背景进行额外的照明，也可以在背景中添置用于增添氛围感的光源。如果桌面有需要销售的产品，可以对产品进行单独补光。

1. 主光

人物部分可沿用三点布光的思路，主光可在人物一侧 45° 处向人物照射，照亮人物。

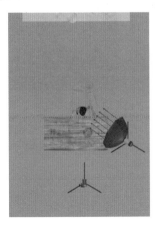

2. 辅助光

在主光对侧添置辅助光，亮度略低于主光，使人物的暗部变亮。

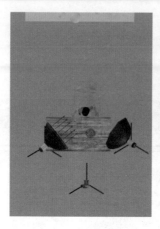 

3. 顶光

在高于人物的位置向下照射，使人物头顶和身体上方的轮廓变亮，增强头发的质感，也可以使人物与背景产生区分。

4. 产品补光

如果产品位于前景的桌面上，那么可在低于主灯的位置单独设置灯光，照亮产品。

5. 背景灯

在人物后方添置灯光照射背景部分，背景亮度要与人物有所区分。

6. 氛围灯

可使用一盏或多盏小型灯光布置在远处背景处，丰富背景细节，同时也可增强画面氛围感。氛围灯也可选择带有颜色的灯光。

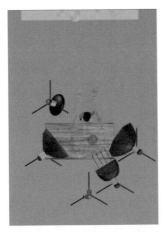

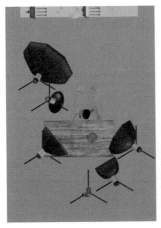

5.3.5　站姿全景直播带货布光

通过前面的学习，近景坐姿短视频 / 直播布光的问题已经解决了。但是以上方法并不适合场景稍大一些的全身站姿的短视频 / 直播带货场景。站姿人物的全景画面中，场景所占的比例较大，所以灯光的布置不仅要将人物照亮，更要将场景以及产品照亮。

随着场景的面积以及格局的变化，要使用的灯光数量也不是固定的，下面介绍一种比较基础的全景布光方式。当前的场景比较简单，画面主体为人物，人物身后 2 米处使用背景布，并布置有简单的家具。

1. 主光

首先在人物一侧斜 45° 的位置布置一盏斜上方向人物照射的主光，照亮人物。此处使用一盏装配有深口抛物线柔光箱的影视灯，光线柔和、均匀，人物明暗过渡比较自然。

2. 辅助光

在主光的对侧布置一盏辅助光，高度低于主光，亮度稍低于主光，照亮人物的暗面。此处使用装配有球形柔光灯笼的影视灯，可以轻松得到发散式的柔光，比较适合直播间使用。

3. 下身补光

全身出镜时最常见的问题是人物上身够亮而下半身偏暗。可以在正前方布置低位灯光，照亮人物下半身，同时弱化人物身上的阴影。

4. 背景光

人物部分的光照基本充足，接下来需要进行背景的布光。直播间背景中经常会出现用于销售的商品，也需要充分照明。可在人物侧后方添加一盏灯光，在照亮背景的同时也为人物添加轮廓光，使人物与环境分离开。

继续在另外一侧添加背景光。

5.3.6　室内绿幕抠像布光

　　常规的室内环境可能无法满足直播内容的要求，而如果使用抠像技术去除原有背景并更换新背景，则可以实现丰富的画面效果。绿幕拍摄不仅适用于为短视频更换背景，同样适用于直播带货中的更换背景。

　　首先准备绿色背景纸或绿色布，尽可能地铺平，不要有褶皱。人物与背景之间最好保留 2 米左右的距离，以免背景绿色影响人物颜色。人物尽量不要穿着或佩戴绿色或接近绿色的服装或配饰。

　　关闭室内其他灯光，准备两盏亮度充足、配有柔光罩的灯光。其中一盏灯照射背景布，要保证光线柔和，注意背景布上的明暗对比不要太大。第二盏灯可从另一侧，在距离人物 1 米左右的位置，斜 45° 照射人物。

 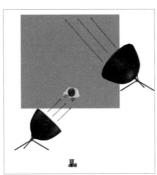

5.4　从零开始设计一个有风格的直播间

本节将详细阐述如何从零开始设计一个有独特风格的直播间。

5.4.1　确定直播间的类型或主题

　　根据账号属性确定可以推广的商品种类以及目标用户群体。以"服装"类直播为例，可以根据受众定位，将直播间主题定为"职场风"。

5.4.2　布置直播间的背景和道具

　　"职场风"追求简洁和现代感，所以不需要过于复杂的场景设计。在直播间中，可以摆放两个单人沙发作为主要元素。为了增添艺术感，可以选择暗红色作为墙面背景。此外，摆放一些绿植可以中和暗色背景带来的沉闷感。

5.4.3　主播装扮

　　对于职场类服饰直播间，主播的形象非常重要。可以选择身材苗条、气质干练的主播。至于发型，可以选择清爽的样式，如扎起头发等。

5.4.4　调试直播间的灯光

灯光可以有效提升直播间的气氛和风格。调试直播间灯光主要包括用于照射主播的灯光、用于照射背景的灯光两部分。

1.调试用于照射主播的灯光

使用三盏灯光，分别摆放于主播的左侧、右侧、前方，注意左右两侧的灯光色调偏向可以不同。例如，左侧偏蓝色冷色调，右侧偏黄色暖色调。

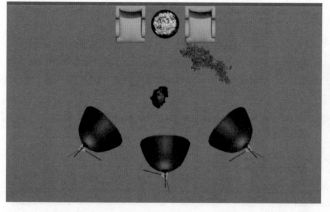

2.调试用于照射背景的灯光

倾斜照射背景墙的灯光，并配合使用"阴影板"，使其能够照射出类似百叶窗的丰富光影。同时部分灯光照射于绿植及沙发上，产生斑驳的光影感，使得直播间的背景更高级、艺术化。

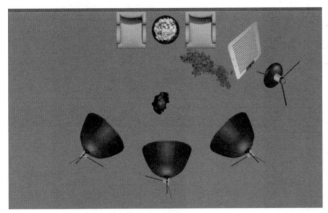

5.5　打造更有趣的直播间

想要留住直播间的观众，不仅要有优秀的主播和优质的商品，还要在直播间的环境上下足功夫。

5.5.1　直播带货的不同方式

同样是销售一类商品，直播间的形式却不一定只有一种。主播在固定的室内空间直接介绍产品可以说是最常见的直播带货形式，这种形式可销售的产品类型非常广泛，但过于常见。除此之外，还可以有多种直播形式，一方面可以从直播环境入手，另一方面也可以从直播内容入手。下面以销售"小龙虾"产品的直播间为例进行说明。

介绍产品	展示原材料
常规室内直播间，只讲产品。空口白话，很难打动人心。	相对于带有包装的商品，原材料更能引起人们的好奇心。接地气地拿起鲜活的小龙虾进行讲解，或者在打捞小龙虾、饲养小龙虾的场景中带货，更加与众不同。
吸睛指数★★	吸睛指数★★★

展示制作过程	使用产品
直接在工厂直播，观众可以看到包装、发货的全过程，增加信任感。	边吃边卖，直观的体验感更容易引发观众的购买欲望。
吸睛指数★★★	吸睛指数★★★★★

　　不能否认每种形式的直播间，因为每个人的直播风格都不同，直播间的体量也不同。所以，当直播间观看人数不多时，可以尝试不同的直播形式，测试哪种方式更吸引人、观看人数更多、成交量更高。

5.5.2　构建简单常规的直播间

　　直播间的布置方式要根据直播内容和带货类型而定。例如，服装类直播间需要完整地展示人物全身；小件产品（如食品、饰品、工艺品）等的销售只需展示主播半身即可，主播也可以不出镜，将产品展示作为画面的全部内容。

　　无论是站播还是坐播，相对干净、整洁的环境都是非常必要的。例如，选择单色的墙壁作为背景，或在没有杂物且颜色较为单一的空间中进行直播。这种环境较为常见、也比较容易实现，这种直播间通常给人以简单、舒服的感觉，但缺乏亮点和特色，不容易让观众长时间停留。

书籍直播间　　　　　　　女装直播间　　　　　　　花卉直播间

5.5.3　符合商品气质的直播间

　　根据商品的类型及特点，布置符合商品气质的直播间环境，更容易凸显产品特色。例如，运用装饰画、毛绒玩具、抱枕等道具布置出的温馨甜美的童装直播间；摩登时尚感的 T 台走秀风女装直播间；商场专柜风格的运动装直播间；富有文艺气息的以书架为背景的图书直播间等。

童装直播间

| 女装直播间 | 运动装直播间 | 图书直播间 |

5.5.4　新、奇、特的直播间

带货直播间众多，对于广大观众来说，大同小异的室内直播带货形式难免令人提不起兴趣。如果无法在销售的产品上与其他直播间有所差异，那么可以尝试在带货的环境或带货的方式上做一些变化。

目前，各平台中都有一些与众不同的直播间，主打"新""奇""特"。当观众看到这些直播间时，往往产生大吃一惊之感，惊讶于带货形式的奇特，这就是所谓的"记忆点"。所以，通过打造与众不同的直播环境，加深观众对直播间的"记忆点"，才能吸引更多观众。

例如，果蔬类直播间可以直接在种植基地开播，一边采摘一边介绍；冬装直播间可以选择在下大雪的户外，身着产品的主播能够切实地使观众感受到服装的保暖性，也更贴近真实生活；蜂蜜产品直播间则可以设在养蜂场，群"蜂"环绕，主播身着防护服收割蜂蜜并介绍产品。

如此这般既可以营造出"新""奇""特"的视觉感受，又可以吸引观众的注意力。更核心的底层逻辑是要打造极致的"代入感"，看直播如同身临其境，这样的直播带货是不是更有趣呢？产品是不是更让人觉得安心呢？主播的人设是不是看起来更接地气、更实在呢？

果蔬类直播间　　　　　　冬装直播间　　　　　　蜂蜜产品直播间

　　除了以上的直播背景外，还有"抠像换背景""大显示器背景"等背景方式，这两种方式都可以根据直播内容方便地更换背景。其中，"抠像换背景"比较适合官方品牌直播间，显得更大气；"大显示器背景"的优势在于它看起来更高端、更专业，而且可以随时切换背景来辅助介绍产品，适合大型直播间、知识付费直播间等。

抠像换背景类直播间　　　　　　大显示器背景类直播间

5.5.5　沉浸式带货直播间

别把直播带货想得太复杂了，没口才也能带货。千言万语不如一试，用最简单、最直接的方式，卖美食就吃起来，卖服装就穿起来，卖工具就用起来。真实还原产品的应用场景，或者展现少有人见过的产品生产过程，用沉浸式的购物体验打动观众。

即食类零食直播间	美甲用品直播间	狗粮直播间
主播仿佛坐在餐桌对面大快朵颐，怎么能不令人流口水呢？	美甲类产品的效果直观，第一视角拍摄产品的使用过程，美丽的效果仿佛出现在观众身上。	模拟自家宠物开饭时的样子，千言万语，狗粮好不好，狗狗说了算。
旅行产品直播间	画具直播间	瑜伽用品直播间
体验类的产品无论什么样的语言都难以描述，而通过直播的画面让观众亲眼看到优美的风光的主播就不一样了。屏幕之外，身未动，心已远。	以高超的画技绘制出美妙的画面，绘画爱好者很难不被吸引。而且极易使观众产生一种"我用了这套画笔，我也能画出来"的感觉。	将产品直接运用到瑜伽中，讲解瑜伽技巧的同时展示产品，让观众产生"收获感"，有效延长观众在直播间的停留时间。

海产品直播间	鸡肉鸡蛋直播间	玩具直播间
带包装的成品海产品大家都不陌生，但加工过程就不一定人人都见过了。现场加工、现场打包、现场发货，让观众所见即所得。	鸡肉、鸡蛋没什么新奇的，养殖场地却不一定人人都见过。展示生态化的养殖场景，更容易"俘获人心"。	谁说玩具都是小孩玩的，第一视角展示新奇有趣的玩具玩法，更容易吸引人们观看。

 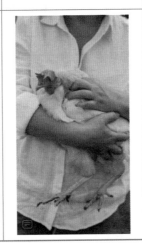 

5.5.6　一反常规的带货体验

抖音是一个泛娱乐化的平台，大多数人使用抖音是为了娱乐、消遣、消磨时间。这就决定了平台上的大部分用户是具有娱乐精神的，因此无论是拍短视频、直播或带货，都可以添加一些娱乐的元素。如果常规的直播带货方式不能吸引太多流量，还可以换一种思路，尝试一反常规的带货方式。一反常规的售货场景、与众不同的带货方式、新奇独特的产品都容易吸引观众观看。

一反常规的场景	一反常规的主播	一反常规的产品
服装 + 海边	农产品 + 影视角色	工艺品 + 独一无二 + 现场定制
直播场景不一定非要在室内，比如服装直播间，尝试在室外直播带货。观众在观看服装展示的同时，还能看到室外的风景。与服装风格匹配的场景更容易展现服装之美。	如果无法在直播场景上做出变化，那么"不太一样"的主播也是个不错的创意，如角色扮演、独特妆造等。	常规的商品看多了自然会感到无趣，而当直播间出现了不那么常见的产品或服务时，往往会使人眼前一亮。

5.5.7　为直播间添加装饰字

除了围绕直播场景进行布置以外，还可以在直播间摆放文字等视觉元素，起到装饰和注释作用。

（1）使用第三方软件或 App 制作带有文字的透明图片。例如，在"美图秀秀"App 中点击"空白画布"按钮，新建适合的画布尺寸。

（2）点击"加字"按钮，并输入需要的文字，还可以选择适合的花字效果。

（3）点击图层，选择"画布背景"，点击"颜色"按钮，选择"透明"颜色。

（4）保存 PNG 格式的图片。最后使用"抖音加加""直播伴侣"等工具添加刚才保存的图片，并根据情况调整文字位置和大小，即可在直播中看到刚才设置的文字效果。

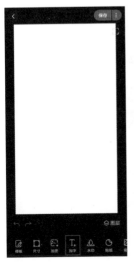

（5）使用装饰字前后的对比效果如下。

第 6 章
直播策划与内容创意

 **本章内容简介**

　　本章将围绕直播策划与内容创意展开学习。通过对本章的学习，可以掌握直播带货主题与风格的选择、各环节直播内容的策划、创新的直播形式等。

重点知识掌握

- 确定直播主题与风格
- 制定直播内容框架与节目单
- 设计直播互动环节
- 创新直播带货内容与形式
- "夏季时尚穿搭"直播策划与内容创意案例

6.1 确定直播主题与风格

在直播带货之前，了解受众的需求并确定直播主题与风格至关重要。这将有助于提高直播间的吸引力，增加观众的关注度，并提升直播带货效果。

6.1.1 分析受众的喜好与需求

通过大数据分析、用户画像和互动调查，了解受众的喜好与需求，有针对性地进行直播带货。

案例	一家运动鞋品牌在开展直播带货前，对其目标受众进行了深入调研。通过分析用户在社交平台上的互动、购买记录和评价，发现受众对于鞋的舒适性、款式和品牌背景较为关注。因此，在直播带货中，主播重点介绍了运动鞋的舒适性、独特款式和品牌背景故事。	
要点	（1）运用大数据、用户画像等工具进行受众分析。 （2）针对受众的喜好与需求，设计直播内容。 （3）提高产品吸引力，满足受众的需求。	

6.1.2 设计直播的风格与定位

根据品牌定位和受众喜好，设计符合品牌形象的直播风格，增强直播的吸引力。

案例	一家时尚女装品牌在进行直播带货时，确定了"轻松时尚"的直播风格。主播穿着品牌的服装，展示时尚搭配技巧，并与观众分享穿搭心得。直播间的背景和音乐也采用轻松、时尚的风格，吸引了大量年轻女性观众。	
要点	（1）根据品牌定位设计直播风格。 （2）营造符合品牌形象的直播氛围。 （3）通过直播风格吸引目标受众。	

6.1.3　选定直播主题

选择与品牌相关的、受众感兴趣的直播主题，提高观众的关注度。

（1）新品发布：推出新品，吸引观众关注。

（2）专题讲座：围绕某一主题，如护肤、健康饮食等，进行知识分享。

（3）限时促销：设置限时折扣，刺激观众的购买欲望。

（4）节日活动：结合节日，如七夕节、中秋节等，推出特色商品。

案例	一家健康食品品牌选择了"营养早餐"作为直播主题，主播在直播过程中向观众推荐该品牌的健康谷物、奶粉等产品，并分享营养搭配的建议。同时，主播还邀请了营养师作为嘉宾，解答观众关于早餐营养搭配的问题。这个直播主题紧密结合了品牌定位和受众的需求，吸引了大量关注健康饮食的观众。	
要点	（1）选择与品牌相关的、受众感兴趣的直播主题。 （2）结合主题，展示与推荐相关产品。 （3）邀请专业人士作为嘉宾，提高直播的权威性和吸引力。	

6.1.4　开播前的产品梳理

示例 1：护手霜卖点梳理		
	受众	20～40 岁的女性
	卖点	天然植物成分、深层滋养、防干裂、吸收快速、不油腻……
	话术	天然植物精华，深度滋养您的双手，告别干燥，精致柔嫩触感，涂抹速干，不油腻，让您自信展示双手……

	示例2：运动鞋卖点梳理	
	受众	18～35岁的年轻人
	卖点	透气舒适、轻质材料、缓震防滑、时尚设计、适合各种运动场景……
	话术	透气舒适的材质，让您的双脚自由呼吸；轻质鞋身，无论是跑步还是跳跃，都毫无压力；缓震防滑鞋底，保护关节，走路更加稳定；时尚设计，让您成为运动场上的焦点！

	示例3：智能手环卖点梳理	
	受众	18～50岁的健康关注者
	卖点	多功能监测、实时心率和睡眠质量分析、运动计步、久坐提醒、防水防尘……
	话术	全方位的健康管理伴侣，实时监测心率和睡眠质量，助您掌握健康状况；运动计步，记录每一次的运动轨迹；久坐提醒，关爱您的身体健康；防水防尘设计，让您无惧风雨，勇往直前……

	示例4：旅行箱卖点梳理	
	受众	20～50岁的旅行爱好者
	卖点	轻便耐磨、大容量设计、静音万向轮、安全密码锁、时尚款式、多种颜色可选……
	话术	轻便耐磨材质，让您的旅行更轻松；大容量设计，轻松收纳行李，省心省力；静音万向轮，走路无声无响，让您的旅程更加愉快；安全密码锁，保障您的行李安全；时尚款式、多种颜色可选，旅行中的时尚达人就是您！

6.1.5 直播前的准备工作

开播之前需要进行一定的准备工作。例如，确定本场直播的主题、直播时段、直播时长；根据直播主题以及销售的产品制定拍摄脚本。确定了这些内容后可以进行直播的预热，在正式直播之前还可以测试直播效果。

1. 直播主题

确定本场直播的目的和主题，如常规带货、新品发布、去库存、节日促销、涨粉等。不同主题的直播，销售策略也不相同。

2. 直播时间及时长

（1）直播时间：从近期直播数据来看，9:00—23:30 是直播间开播场次较高的时间段，其中有 3 次直播场高峰，即 20:00—23:30、14:00—16:00、9:00—11:00。建议新手直播间可以避开这几次热门的开播时间，避免出现因同期开播场次多、竞争大，而进入自己直播间的观众过少的情况。尽量养成持续每天固定时间段直播的习惯，让粉丝掌握你的直播规律。

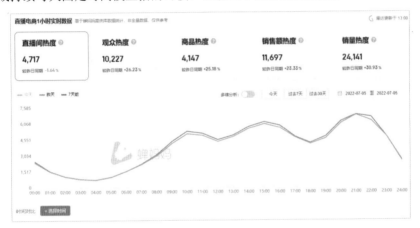

（2）直播时长：通常，一场直播的时长为 2 小时以上，新手直播经验少，遇到的问题较多，可以根据实际情况调整直播时长，如适当缩短时间，力争全力以赴做好每场直播。

3. 直播间环境布置

初次直播，直播间的环境应与产品属性相匹配，而且需要精心设计，具体可参考本书中与"直播场景"有关的内容。当遇到节日促销时，也可在直播间环境上体现节日气氛。

4. 制定直播脚本流程

既要提前制定好整场直播活动的流程脚本，包括预热、开场、产品分析、粉丝互动、福利活动、抽奖、秒杀、福袋、促单、结尾等；也要准备好每个商品销售过程中的话术及操作，提前做好计划，确保直播过程的流畅性。

5. 直播预热

（1）提前设置直播标题、封面、话题等。

（2）做好直播预告。例如，更改账户昵称、简介，或者在评论区发布直播预告等。

（3）提前充值"抖币"，以便在直播时为观众发放抖币、红包等，提升直播间的人气。

（4）拍摄直播宣传短视频，为直播引流。

6. 直播前的测试

正式开播前要对直播设备、画面、声音、网络通畅度等要素进行测试。

7. 自备第一波人气

为避免新手直播间"冷场"，可提前安排运营人员、家人、朋友在直播间停留及互动，增加热度。同样，当直播间人数不多时，可以在直播间引导观众互动，让直播间热闹起来。

6.2 制定直播内容框架与节目单

本节以一款"保湿面霜"为例讲解直播带货中的开场环节、商品介绍与展示环节、互动环节、介绍促销与优惠活动安排环节、结束语与告别环节的具体安排。

6.2.1 开场环节

开场环节是建立观众好感度和引导观众关注直播内容的关键。

序号	开场主题	详细描述
1	打招呼与自我介绍	主播向观众问好，并简单介绍自己以及今日直播的主题
2	今日活动概述	介绍今日直播的保湿面霜特惠活动、优惠券和赠品等
3	商品快速展示	快速逐一展示今日直播中将要推荐的保湿面霜及其他产品，包括品牌、大概功能等，类似于本场直播的商品预告

6.2.2 商品介绍与展示环节

商品介绍与展示环节通过详细呈现产品信息提高产品的受信任度和观众的购买意愿。

序号	开场主题	详细描述
1	产品简介	主播介绍保湿面霜的品牌、系列、功效（如保湿、滋润、舒缓等）
2	产品包装展示	主播展示产品外包装及设计，突出高品质感
3	产品质地与使用感	主播展示产品质地（如乳霜状），描述使用感受（如触感滋润、不油腻等）
4	产品成分与功效解析	主播解析产品中的关键成分（如玻尿酸、尿囊素等），以及产品的保湿功效
5	适用人群与使用场景	主播讲述适用人群（如干性肌肤、缺水肌肤等）与使用场景（如季节、日常保养等）
6	产品使用方法	主播演示正确的使用方法，如用量、涂抹手法等
7	客户评价与案例分享	主播分享真实用户的评价，以及使用前后的对比照片，提高观众的信任度

6.2.3　互动环节

互动环节可以增强直播间观众的参与度，提升购买转化率。

序号	开场主题	详细描述
1	观众提问环节	主播回答观众关于保湿面霜的问题，如成分、使用方法、适用人群等
2	快速问答游戏	主播向观众提问关于保湿面霜的知识，如功效、成分等，回答正确者获得奖励
3	肤质测试互动	主播引导观众参与简单的皮肤测试，判断是否适合使用该保湿面霜
4	观众分享使用心得	主播邀请已购买并使用过该保湿面霜的观众分享使用心得，提高观众的信任度
5	猜价格游戏	主播让观众猜测保湿面霜的价格，猜中者有奖励，增强观众的参与度
6	限时抢购倒计时	主播设置限时抢购活动，鼓励观众在倒计时内下单，制造购物紧迫感
7	抽奖环节	主播通过随机抽奖的方式送出保湿面霜试用装，增强观众黏性

序号	开场主题	详细描述
8	购买过程演示	主播演示如何购买保湿面霜,解答观众在购买过程中可能遇到的问题
9	结束语与告别	主播感谢观众参与互动环节,再次强调保湿面霜的优点,预告下次直播的时间

6.2.4 介绍促销与优惠活动安排环节

介绍促销与优惠活动安排环节通过介绍各种优惠手段,激发观众的购买欲望。

序号	开场主题	详细描述
1	买一送一活动	主播宣布购买保湿面霜可获赠同款产品一件,限时限量
2	折扣优惠	主播宣布在直播期间购买保湿面霜享受 9 折优惠
3	满减活动	主播宣布在直播期间购买满 299 元减 30 元、满 399 元减 50 元
4	首次购买优惠	主播宣布新用户首次购买保湿面霜可获得 20 元优惠券
5	分享优惠	主播鼓励观众分享直播间,达到一定的分享数量后解锁全场 8 折优惠
6	限时抢购	主播宣布保湿面霜将进行 30 分钟的限时抢购活动,价格更低,数量有限
7	购物满额送礼	主播宣布购物满额即可获得赠品,如满 500 元送护肤品套装等
8	邀请好友拼团	主播鼓励观众邀请好友一起购买保湿面霜,组成拼团可享受更低价格
9	会员专享优惠	主播介绍加入会员可享受专属优惠,如额外 9 折、生日礼品等
10	提醒优惠活动截止时间	主播提醒观众优惠活动即将结束,鼓励观众抓紧时间下单

6.2.5　结束语与告别环节

结束语与告别环节通过总结直播内容和表达感激之情，留住观众并预告下次直播的内容与时间。

序号	开场主题	详细描述
1	总结本次直播亮点	主播回顾保湿面霜的功效、成分、优惠活动等，强调产品优点
2	表达感激	主播感谢观众的参与与支持，表达对观众的关心与感谢
3	回顾互动环节	主播回顾直播间的互动环节，如抽奖、游戏等，增加观众的参与感
4	提醒最后优惠机会	主播提醒观众直播优惠活动即将结束，鼓励观众抓紧时间下单
5	预告下次直播主题与时间	主播告知观众下次直播的主题与时间，邀请观众继续关注与参与
6	告别与期待再见	主播表示期待与观众再次相见，愿观众生活美好，告别并结束直播

6.3　设计直播互动环节

直播互动环节可以通过游戏和问答提高观众的参与度和购买意愿。

6.3.1　互动游戏设计

常见的互动游戏包括猜价格、产品知识小测试、疯狂抢购等，旨在增加观众对产品的了解和兴趣。

游戏名称	游戏规则	目的	奖品
猜价格	主播会展示一个保湿面霜，观众需在规定时间内猜出其价格，最接近的观众获胜	增加观众对产品价格的了解	优惠券／赠品
产品知识小测试	主播提问关于保湿面霜的相关问题（如成分、功效等），观众需在规定时间内回答正确	提高观众对产品知识的了解	优惠券／赠品

续表

游戏名称	游戏规则	目的	奖品
疯狂抢购	主播设定一个限时抢购时间，观众在规定时间内购买保湿面霜，前 10 名购买者获得额外优惠券	提高购买率和直播间人气	额外优惠券 / 赠品
快速提问	主播快速提出关于保湿面霜的问题，观众需在规定时间内回答，第一位回答正确者获胜	增加观众对产品知识的了解	优惠券 / 赠品
排行榜挑战	主播公布保湿面霜购买排行榜，前三名购买者将获得额外奖励	激发观众的购买欲望和竞争心理	额外优惠券 / 赠品

6.3.2　问答设计

问答应涵盖产品功效、成分、适用肤质等方面的问题，帮助观众全面了解产品及品牌。

问答名称	问答规则	目的	奖品
产品功效问答	主播提问关于保湿面霜的功效的问题，观众需在规定时间内回答正确	提高观众对产品功效的了解	优惠券 / 赠品
产品成分问答	主播提问关于保湿面霜的成分的问题，观众需在规定时间内回答正确	提高观众对产品成分的了解	优惠券 / 赠品
适用肤质问答	主播提问关于保湿面霜适用肤质的问题，观众需在规定时间内回答正确	提高观众对产品适用肤质的了解	优惠券 / 赠品
使用方法问答	主播提问关于保湿面霜正确使用方法的问题，观众需在规定时间内回答正确	提高观众对产品使用方法的了解	优惠券 / 赠品
品牌背景问答	主播提问关于保湿面霜品牌背景、品牌理念等的问题，观众需在规定时间内回答正确	提高观众对品牌的认知和信任	优惠券 / 赠品
搭配产品问答	主播提问关于保湿面霜适合搭配的其他护肤品的问题，观众需在规定时间内回答正确	提高观众对产品搭配的了解	优惠券 / 赠品
优惠活动问答	主播提问关于保湿面霜的优惠活动、购买方式等的问题，观众需在规定时间内回答正确	提高观众对购买流程的了解	优惠券 / 赠品
用户评价问答	主播分享保湿面霜的用户评价，并提问与评价相关的问题，观众需在规定时间内回答正确	提高观众对产品口碑的了解	优惠券 / 赠品

6.4 创新直播带货内容与形式

为了满足不同观众的需求和兴趣，提高直播的吸引力和观众的购买意愿，主播可以探索多样化的直播带货形式、结合热点话题与时事，以及进行跨界合作与品牌进行联动。

6.4.1 探索多样化的直播带货形式

多样化的直播带货形式包括谈话聊天式、知识分享式、搞笑段子式、实物试用体验式、情景体验式、现场制作式、原产地式和线下实体店式等多种，以满足不同观众的需求和兴趣，提高观众互动性、信任度和购买意愿。通过创新直播形式，提高直播的吸引力和观众的购买意愿。

1. 谈话聊天式直播带货

案例	主播"小美"在直播间以轻松的聊天的形式与观众互动，介绍一款智能手环的功能、特点和使用方法。观众在轻松愉快的氛围中提问，小美一一解答，让观众更好地了解产品。	
要点	（1）轻松愉快的氛围有助于亲近观众，拉近与观众的距离。 （2）与观众的实时互动能够更好地解答观众的疑虑，增强信任感。 （3）高度互动可以提高直播间的人气，吸引更多观众参与。	

2. 知识分享式直播带货

案例	主播"Dr. 张"是一位健康专家，在直播间分享智能体重秤如何帮助人们监测身体状况、改善健康习惯。Dr. 张详细讲解各种指标的含义及如何利用智能体重秤调整生活方式，提高观众的健康意识。	
要点	（1）提供专业知识，增加观众对产品的信任度。 （2）增加观众的专业素养，提高购买意愿。 （3）引导观众关注自身健康，提升产品价值。	

3.搞笑段子式直播带货

案例	主播"搞笑达人"以幽默风趣的方式展示一款新型便携式榨汁机。在现场用榨汁机榨各种东西，如蔬菜、海鲜、木头块等，非常搞笑。他在引发观众欢笑的同时展示了产品的实用性。
要点	（1）活跃直播氛围，吸引观众的注意力。 （2）以幽默的方式展示产品，让观众更容易接受。 （3）提高观众的兴趣度，增加其购买意愿。 （4）凸显榨汁机的功能强劲。

4.实物试用体验式直播带货

案例	主播"体验达人"现场试用一款新款电动牙刷，展示正确的刷牙方法、清洁效果以及产品特点，让观众了解产品的实际效果，提高购买信心。
要点	（1）展示产品的实际效果，提高信任度。 （2）提供实用技巧，帮助观众更好地使用产品。 （3）增强观众的购买欲望，促进销售。

5.情景体验式直播带货

案例	主播"家居达人"在自己的家中演示一款智能吸尘器的使用方法和清洁效果，让观众感受产品在实际家居环境中的便利性。
要点	（1）模拟真实场景，增强产品的逼真感。 （2）展示产品在实际应用中的优势，提高观众的购买意愿。 （3）让观众更容易理解产品的使用场景，增强信任感。

6. 现场制作式直播带货

案例	主播"美食大厨"在直播间现场制作一款热门蛋糕，展示一款烘焙炉的功能和使用方法。观众在观看美食制作过程的同时，了解产品的实际效果和便利性。
要点	（1）展示产品在现场制作过程中的性能，提高观众的信任度。 （2）以美食为载体，增加观众的购买欲望。 （3）教授实用技能，帮助观众更好地使用产品。

7. 原产地式直播带货

案例	主播"农场主"带领观众参观一个苹果园，展示苹果的种植、收获和包装过程。让观众了解产品的原产地环境和品质，增强购买信心。
要点	（1）展示产品的生产环境，增强产品的受信任度。 （2）让观众了解产品的品质，提高购买意愿。 （3）传播实实在在的人设 IP 形象，树立良好的品牌形象。

8. 线下实体店式直播带货

案例	主播"购物达人"在一家化妆品实体店进行直播，向观众介绍一款口红。主播现场使用产品，为观众解答疑问，让观众更好地了解产品。
要点	（1）展示实体店内的产品种类和场景，增强观众的购物体验。 （2）主播现场使用产品，为观众提供实时解答，增加信任感。 （3）吸引观众到实体店进行消费，提高线下销售额。

6.4.2　结合热点话题与时事

通过策划节日促销活动直播和跟踪热门话题或事件直播等方式，紧扣节日氛围、热点事件或话题，选择直播间环境、主播穿着、产品等，增加观众的参与度和购买意愿。

1. 节日促销活动直播

元宵节期间，主播"欢乐达人"策划了一场特别的元宵节促销活动直播。直播间内布置了各种花灯、彩带，营造出了浓厚的节日氛围。主播身穿传统汉服，为观众带来了精彩的才艺表演。在直播过程中，主播推荐了一系列与元宵节相关的商品，如花灯、汤圆、元宵节礼盒等。同时，主播为观众提供了限时折扣和优惠券，激发观众的购买欲望。

直播间环境	用花灯、彩带等元宵节元素布置直播间，营造浓厚的节日氛围。	
主播穿着	身穿传统汉服，增强节日氛围，吸引观众关注。	
产品	选择与元宵节相关的商品，如花灯、汤圆、元宵节礼盒等，符合节日主题。	
优惠活动	提供限时折扣、优惠券、赠品等吸引观众购买。	

2. 跟踪热门话题或事件直播

在某一年的奥运会期间，主播"运动达人"举办了一场奥运会主题的直播带货活动。主播身穿运动服，直播间内摆放了各种奥运会比赛项目的道具。主播分享了一些热门运动品牌的运动装备，如运动鞋、运动服、健身器材等，并讲解如何正确使用这些装备。同时，主播设置了奥运会知识问答环节，给答对问题的观众发放优惠券，提高观众的参与度和购买意愿。

直播间环境	以奥运会为主题，摆放相关道具，营造运动氛围。	
主播穿着	身穿国家队运动服，增强主题性，吸引观众关注。	
产品	推荐热门运动品牌的运动装备，如运动鞋、运动服、健身器材等。	
互动环节	设置奥运会知识问答环节，发放优惠券，提高观众的参与度和购买意愿。	

6.4.3　跨界合作与品牌联动

通过与同行业品牌合作推广、与不同行业品牌跨界联动、与 KOL 或网红深度合作，以及与线下实体店的线上线下互动推广等方式，实现品牌间互补，扩大影响力，创新营销模式和提供全方位购物体验。

1. 与不同行业品牌跨界联动

案例	一家时尚服饰品牌与一家智能手表品牌进行跨界合作，共同举办一场主题为"时尚科技"的直播带货活动。在直播过程中，主播展示如何搭配服饰与智能手表，打造时尚科技风格。为了吸引观众购买，直播间推出购买服饰和智能手表套餐的优惠活动。	
要点	（1）跨界合作，创新营销模式。 （2）通过搭配展示，提升产品的吸引力。 （3）提供购买套餐的优惠，激发观众的购买欲望。	

2. 与 KOL 或网红深度合作

案例	一家知名化妆品品牌与某时尚美妆博主展开深度合作，共同推出一款限量版口红。在直播带货活动中，博主为观众分享自己的美妆心得，展示如何使用限量版口红打造时尚妆容。为了吸引观众购买，主播提供限量版口红的独家优惠券。	
要点	（1）借助 KOL 或网红的影响力，扩大品牌知名度。 （2）与 KOL 或网红共同设计产品，提高产品独特性。 （3）提供独家优惠券，激发观众的购买欲望。	

3. 与线下实体店的线上线下互动推广

案例	一家以美食为主营产品的直播间与其线下实体店展开线上线下互动推广活动。在直播带货过程中，主播带领观众参观实体店，展示各种美食。同时，直播过程中观众可以在线购买实体店中的商品。此外，直播间还提供线下体验店的优惠券，鼓励观众前往线下实体店购买。	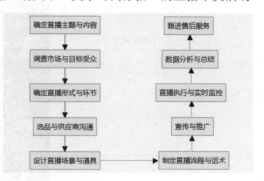
要点	（1）结合线上直播与线下实体店，提供全方位购物体验。 　　（2）利用直播展示实体店商品，增加商品曝光度。 　　（3）设置扫码购买功能，方便观众在线购买。 　　（4）提供线下体验店优惠券，激励观众前往实体店购买。	

6.5 "夏季时尚穿搭"直播策划与内容创意案例

　　现在要策划一场关于"夏季时尚穿搭"的直播带货活动。

```
确定直播主题与内容  →  跟进售后服务
      ↓                    ↑
调查市场与目标受众      数据分析与总结
      ↓                    ↑
确定直播形式与环节      直播执行与实时监控
      ↓                    ↑
选品与供应商沟通        宣传与推广
      ↓                    ↑
设计直播场景与道具  →  制定直播流程与话术
```

1. 确定直播主题与内容

　　本次直播的主题是"夏季时尚穿搭"，内容将围绕夏季流行的服饰、配饰和搭配技巧展开。

2. 调查市场与目标受众

为了更好地满足受众的需求，需要对市场进行调查，了解夏季流行趋势、受众的购物需求等。通过分析目标受众的年龄、性别、购物喜好等信息，可以为直播内容提供更多灵感。

3. 确定直播形式与环节

根据市场调查和目标受众的需求，可以选择合适的直播形式（如试穿秀、搭配教学等），以及设计各种互动环节（如问答、抽奖、发放优惠券等），增加观众的参与度。

4. 选品与供应商沟通

根据市场调查和直播主题，挑选适合直播带货的产品，与供应商沟通产品详情、价格、库存等信息，确保直播顺利进行。

5. 设计直播场景与道具

为了吸引观众的注意力，需要设计一个有趣且具有夏季氛围的直播场景。可以准备一些与夏季相关的道具（如夏日饮品、沙滩球等），增加直播的趣味性。

6. 制定直播流程与话术

为了保证直播的顺利进行，需要制定详细的直播流程，包括各个环节的时间安排、主播的话术、互动环节的设置等。

7. 宣传与推广

在直播开始前，通过社交媒体、短视频平台等渠道对直播进行宣传和推广，如在抖音账号发布短视频，吸引潜在观众。

8. 直播执行与实时监控

在直播进行期间，主播和团队成员需按照预先制定的流程、话术和互动环节执行。团队成员应实时监控直播间的数据、观众反馈和弹幕，适时调整直播内容，确保直播的顺利进行。

9. 数据分析与总结

直播结束后，收集整理直播数据（如观看人数、点赞数、评论数、成交额等），分析直播的效果，找出优势和不足之处，以便对未来的直播策划与内容创意进行改进。

10. 跟进售后服务

为了保持良好的口碑和客户满意度，需要对购买产品的客户提供及时的售后服务，解决他们在使用产品过程中遇到的问题。

第7章
直播技巧与话术

本章内容简介

本章将专注于直播技巧与话术的学习，涵盖主播的表现技巧，如塑造人设、语言表达和肢体表情等，同时还将深入探讨直播话术与互动技巧，以提高直播人气和吸引力。

重点知识掌握

- 主播表现技巧
- 直播话术与互动技巧
- 应对突发情况与问题处理

7.1　主播表现技巧

直播带货时主播的表现技巧很重要，包括树立合适的主播人设、声音与语言表达技巧、肢体语言与表情控制等方面。

7.1.1　树立合适的主播人设

合适的主播人设对于直播带货而言很重要，粉丝们会因为主播的人设和魅力而对产品产生好感。例如，美食类、土特产类主播，尽量树立实在、接地气、邻家友人的人设；收藏类主播，通常都会选择气质好，具有专业感的主播；美妆类主播，可以塑造一个非常专业、值得信任的形象。应尽量保持短视频中的主播人设和直播间的主播人设感觉上是一致的。

　　美食土特产类主播　　　　　　收藏类主播　　　　　　　美妆类主播

7.1.2　声音与语言表达技巧

在直播带货过程中，主播的声音和语言表达至关重要。以下是一些关于声音和语言表达的建议。

（1）声音要清晰、自然：确保发音准确，声音不过于尖锐或低沉，保持语速适中，避免因语速过快而吞吐字词。

（2）调整语调：根据直播内容和场景，适时调整语调。例如，介绍商品时可采用激情洋溢的语调，回答观众问题时则保持平和、专业的语调。

（3）使用词汇丰富：为了避免语言单调，主播应使用多种形容词和词汇来描述商品的特点和优势。

7.1.3　肢体语言与表情控制

主播的肢体语言和表情控制同样关键。以下是一些建议。

（1）自然、积极的表情：在直播过程中，保持微笑、眼神亮丽，展示自信和热情。

（2）适度使用手势：在介绍商品时，适当使用手势强调重点，如展示商品细节、比划尺寸等。

（3）控制面部表情：避免在直播中出现不自然或过于夸张的面部表情，以免让观众感到不适。

7.2　直播话术与互动技巧

直播带货话术在当前电商环境中扮演着举足轻重的角色。出色的直播带货话术不仅能够吸引观众观看直播，还能有效地提高销售转化率。直播过程中并不只是一味地赞美产品，更多的是要围绕着你需要、你喜欢、价格便宜、现在买最划算等方面展开。

7.2.1　"暖场"话术

刚开播阶段，主播要迅速拉近与观众的距离。多互动、多聊天，避免冷场，尽量把第一波进入直播间的观众稳住。

1. 点名（直呼其名，直接与粉丝对话，拉近距离）

例1	"嗨，欢迎新进直播间的××小可爱。"
例2	"××小可爱，欢迎你来到我的直播间。喜欢主播的记得关注哦！"

2. 找话题（像和朋友聊天一样寻找共同话题，直播间的观众如果回复，即可轻松展开互动）

例1	"大家有没有试过这款超火爆的零食，真的超级好吃。"
例2	"我给大家推荐的这款零食，不仅味道好，而且营养丰富。"

3. 福利预告（目的是留住人气）

例1	"欢迎××进入直播间，新来的小伙伴不要走哦，马上就有福利啦。"
例2	"来来来，10分钟后我们直播间会有一个超级大的优惠活动，千万别错过！"

| 例 3 | "各位宝贝，9 点半我们有红包活动，10 点半我们有秒杀活动哦！" |
| 例 4 | "感谢来到直播间的粉丝们。我的直播时间是每天晚上 8—11 点，今天会有超多福利哦！千万不要走开。" |

7.2.2　介绍"产品"话术

开播前主播一定要提前做好功课，深入了解每款产品的属性、适用人群、特点、背景等，甚至要提前准备好与产品关联的故事。这样更容易获得观众的认同感。

介绍产品时，可以从介绍产品故事、介绍产品价格的优惠力度、试用产品、增强观众的信任感等 4 个部分展开。

1. 介绍产品的故事（我与产品的故事）

例 1	"这款咖啡，源自哥伦比亚的高山种植园，每次品尝都让我仿佛置身于那片美丽的山景之中。"
例 2	"这款薯片是我朋友家生产的，每次聚会都会带上，大家都喜欢它的口感和味道。"
例 3	"我在一次户外烧烤活动中，尝试了这款酱料，瞬间点燃了烧烤的热情，所以想要和大家分享一下这款好产品。"

2. 价格确实便宜

例 1	"我们是直接和厂家合作的，没有中间商赚差价，所以价格非常实惠。"
例 2	"这款糖果，我们比其他卖家便宜不止几块钱，因为我们希望让更多人能够品尝到美味。"
例 3	"这次优惠活动的力度很大，相比其他平台，我们的价格更具竞争力。"
例 4	"我们今天的价格是厂家给我们的最低价，千载难逢的机会，大家千万别错过了。"

3. 现场试用、试吃

例 1	"这款果汁，我现在就帮大家尝试一下，你们可以看到，颜色鲜艳，味道浓郁。"
例 2	"这款燕麦片，我在直播间现场泡上一碗，大家可以看到，口感饱满，营养丰富。"
例 3	"让我来为大家展示一下这款蜂蜜的黏稠度，真的可以看出它的高品质。"

4. 增强信任感

例1	"这是我们这款坚果的销售截图和评价截图,大家对它的评价非常好。"
例2	"我自己也常常食用这款健康饮品,真是让人感觉精力充沛。"
例3	"我们的售后服务非常完善。如果有任何问题,都可以随时联系我们。"

下面以一款休闲饼干的销售话术为例进行介绍。

产品故事	大家有没有吃过这款饼干?我小时候每次去超市都会买,真的是我的最爱!
价格优势	今天特别便宜,这是超市价,我们直播间比市场价便宜了好几块钱呢,还赠送试吃小零食。
现场试吃	你们看,我现在咬一口大家听一下,口感很香脆,一口咬下去就可以尝到饱满奶香的味道。
增强信任感	这是某个平台的销量截图和评价截图,好不好大家说了算。想吃吗?赶紧下单吧!

7.2.3 介绍"福利品"话术

福利品指直接赠送或售卖价格低于观众认知水平的商品,此类商品能促进密集成交,也就是短时间内的大量成交,带动直播间的人气。福利品可以让观众在直播间有更长的停留时间,才有可能增加涨粉、加粉丝团、互动的概率。

例1	"新来的朋友们,回复6领取我为你们准备的特别小礼品吧,绝对有用!"
例2	"观众朋友们,今天我们为您准备了超值福利,只要购买本直播间的特色美食,就可以获得一份免费的小礼品哦!"
例3	"哇哦,看到直播间这么多可爱的宝贝们,我要破例一下,今天直播中前15位下单的朋友,每人都可以免费获得一份惊喜小礼物哦!"
例4	"大家都好奇我要送什么福利吗?好的,那我就揭开神秘面纱了,今天我们为大家送出一份实用的小礼物,只要您在直播间内购买任意一款商品,就可以获得哦!"
例5	"想要获得这份特别的小礼物,只需要在直播间内和我互动,获得互动奖励后就可以获得哦!礼物数量有限,快来和我互动吧!"

7.2.4 介绍"销量品"话术

销量品指利润较少但是销量很高的商品,此类商品可带动直播间的整体成交量，是福利品之后要介绍的商品。销量品的利润少一点，观众会发现你卖得比其他直播间便宜，你就比其他直播间更有优势，自然可以留住更多人。

例 1	"大家看这款运动鞋，轻便舒适，卖爆了！"
例 2	"这款蓝牙耳机上次直播时被火爆抢购，质量和性价比很高，今天又带来了！"
例 3	"这款护肤品我个人非常喜欢，虽然利润不高，但每次都卖得很快。"
例 4	"我发现最近很多人都在用这款智能手表，大家对它的好评如潮。"
例 5	"这款空气净化器是我们直播间的明星产品，上次错过的小伙伴现在有机会了！"

7.2.5　介绍"利润品"话术

利润品指价格相对不实惠、高利润的商品。新直播间不要急着上这种商品，否则会影响人气。通过福利品和销量品拉动密集成交，引入更多自然流量，然后再带动利润品成交。

例 1	"这款智能家居系统虽然价格相对较高，但其品质和性能都是一流的，非常值得购买。"
例 2	"这是我为大家精选的高品质珠宝，尽显奢华品位。"
例 3	"这款护肤套装是我们店铺的尖货，销量和口碑都相当不错。"

7.2.6　"发福利"话术

主播要热情一点，营造一种抢到就是赚到的氛围。

例 1	"感谢大家的支持，我 5 分钟后为大家发一个红包！"
例 2	"来来来，大家一起来抢红包，看谁手气最好！"
例 3	"赠品送完了，还有红包等着大家，快来抢吧！"

7.2.7　"观众互动"话术

直播互动话术需要主动引导观众进行互动，增加直播热度。

1. 提问式互动

例 1	"这款夏季 T 恤是搭配白色运动裤好看，还是搭配浅蓝色牛仔裤好看呢？"
例 2	"这款按摩仪谁还没抢到？"

2.选择式互动

例	"想看我试用香槟色眼影的刷1，烟熏色眼影的刷2。"

3.刷屏式互动（活跃气氛）

例1	"跟我一样对这款瑜伽垫感兴趣的宝贝的刷1。"
例2	"这款智能吸尘器真的太实用了，大家一起来刷个'我也想要'！"

4.抢购的话术（制造产品抢不到的氛围）

例1	"后台看一下，这款保温杯还能不能多上几单。"
例2	"有很多朋友没抢到啊！想要的朋友扣1，我看看还有多少人想要。"

7.2.8 "直播间留人"话术

直播带货时，抖音会自动将直播间推送给相关的用户，这些用户就会随机刷到并进入你的直播间。很多人都在说，我的直播间人太少了，怎么才能让系统多给我推荐些人。其实对于新手直播间，首先要考虑的是如何把这部分人留在直播间，而不是急于去挖掘更多的人进入直播间。留住了这部分人，系统就会认为你的直播内容优质、观众喜欢看，就会给你的直播间推送更多流量。想要留住观众，要在活动安排与话术使用上下功夫。下面以销售积木直播间为例进行分析。

话术	分析
欢迎来到我的直播间，今天我们要送出一份超级福利！所有新来的朋友都可以获得一份神秘礼物，只需要在评论区回复"1"，我就会发给你们哦！	通过送福利的方式吸引观众互动，增加直播间的热度。
现在我们要进行一个抢红包活动，准备好了吗？点击开抢红包链接就有惊喜！	利用抢红包活动吸引观众，增加直播间的热度。
谁说只有观众才有福利？现在所有购买我的3D立体磁力积木的朋友，我都将赠送一份神秘礼物！	提供购买礼品的附加福利，让观众感到实惠。
感谢大家的关注和支持，我将在直播间中抽取一位粉丝，送出一份豪华大礼！	通过抽奖活动吸引观众，增加直播间的热度。

续表

话术	分析
现在我要介绍的是我的主打产品——3D 立体磁力积木。这款积木是由环保材料制成的，富有创意，可供儿童和成人一起玩乐。	介绍产品的特点，吸引观众对产品的兴趣。
现在，只要在我的直播间中购买 3D 立体磁力积木，你就可以享受到直播间限定价，超值优惠，立减 50 元，再加上免费配送，赶快下单吧！	让观众知道在直播间购买可以享受优惠价和免费的配送服务。
这款 3D 立体磁力积木拼出的东西，真的很有趣哦，不信你看我现场拼一下！	通过现场演示，让观众更加了解产品，增加观众的购买欲望。
如果你现在在我的直播间中购买 3D 立体磁力积木，我会再额外送你一份磁力积木。	展示与福利品重度关联的产品，获得了福利品的观众自然会考虑主销产品。

7.2.9　"促单"话术

为直播间营造紧张的抢购氛围。

例 1	"最后 1 分钟，手慢无。"
例 2	"刚才的产品秒没，后台还能再上 10 单吗？"
例 3	"3、2、1，上链接！后台还剩几单？还剩 20 单。"
例 4	"现在开始抢购，直播间专属优惠，第 1 单享受半价！"
例 5	"这款家居用品库存仅剩 10 件，大家速度下单吧！"
例 6	"大家看一下这个数据，销量突破 900 件了！到 910 单就不卖了。"

7.2.10　"分享直播间"话术

鼓励观众将直播间分享给朋友，带来更多流量。

例 1	"感谢这位朋友分享直播间，后台赠送他一份小礼物。"
例 2	"大家帮忙分享一下直播间给朋友们，我们直播间今天有大优惠！"

7.2.11　"流程引导"话术

引导观众关注账号、加入粉丝团、点赞，给观众一个关注你的理由。抛出与观众自己的利益相关的事情更容易获得关注。

例 1	"点关注，不迷路！"
例 2	"感谢大家点击'左上角'加入粉丝团。"
例 3	"可以点击下方的小黄车，你喜欢的商品现在在 2 号链接。"
例 4	"新进直播间的宝宝们，不要直接下单，领了优惠券再下单更划算。"

7.2.12 "下播"话术

直播接近尾声，下播前要记得告诉观众下次直播的时间，以及下次的福利和产品。

例	"明晚 8 点，准时来我的直播间抢福利。明天的福利有 ×××，超级划算。"

7.2.13 人气不足不是问题，留住观众才是关键

想要留住观众，要在活动安排与话术使用上下功夫。下面以销售男士剃须刀直播间为例进行分析。

1. 互动环节

在人数不多的直播间里，主播要活跃起来。以福利吸引观众互动，增加直播间的热度。

话术	分析
刚来直播间的朋友快回复"新人"，一会儿我要给新朋友送特别礼物哦！	主动与观众互动聊天，并且通过各种福利来留住观众。
新朋友们，我送你们一瓶高质量剃须膏！	赠送小商品的目的是拉人气、留住观众，让系统将直播间推送给更多的人。赠品与主销产品应高度关联。

2. 感谢粉丝环节

点名感谢粉丝，表达主播对粉丝的尊重与重视。同时为"忠实"粉丝赠送礼品，吸引其他观众参与。

话术	分析
感谢这位给我持续点赞的朋友，再送你一瓶剃须膏！	介绍赠送的福利品的价值，使观众重视起来。福利品应与主销产品相关。

3. 主推产品环节

送完免费福利后，此时观众还停留在直播间。继而转向主推产品，吸引观众继续观看。

话术	分析
接下来给大家介绍这款超静音剃须刀，使用起来非常舒适，而且性价比非常高！	展示主推产品的特点，使观众对产品产生兴趣。
与竞品对比，这款剃须刀的性能更好，价格更亲民，今天购买还送剃须膏！	对比其他渠道的价格，使观众感受到价格的实惠。赠送福利品，使观众感觉更超值。

4. 限时抢购环节

用限量销售和倒计时营造紧迫感，减少观众消费决策的时长，更容易促成交易。

话术	分析
快抢！限量 20 台，3、2、1，上链接！	设置限量销售和倒计时，让观众感受到紧迫感，促进购买。

5. 观众流失阶段

当直播间人数减少时，运营人员应及时提示主播继续上一波福利，拉动人气。

话术	分析
新进直播间的朋友，没抢到福利的快回复"新人"，我再送一波福利哦！	适时发放福利以吸引新进入直播间的观众，维持直播间人气。

6. 二轮产品推广环节

当直播人气上升后，再次展示主推产品，促成交易。

话术	分析
朋友们，再次给大家介绍这款超静音剃须刀，使用起来非常舒适，性价比超高！	重复展示主推产品的特点，使观众对产品保持兴趣。

7. 答疑解惑环节

主播与观众进行互动，解答观众关于产品的疑问，提高购买意愿。

话术	分析
有什么关于剃须刀的问题吗？我来为大家解答！	主动与观众互动，解答关于产品的问题，增强观众的购买信心。

8. 尾声环节

总结直播内容，感谢观众，预告下次直播的内容。

话术	分析
今天的直播就要结束了，感谢大家的支持！下次直播我们将带来更多优惠福利，敬请期待！	表达对观众的感谢，预告下次直播的内容，吸引观众继续关注。

7.2.14　话术举例 1：薰衣草洗衣凝珠

1. 直播文案

亲们，你们是不是觉得每次洗衣服都要放洗衣粉、柔顺剂、消毒液好麻烦？是的！今天给大家介绍的这款 ××× 品牌薰衣草洗衣凝珠，可以轻松搞定这些问题！看起来是普通的洗衣凝珠，但是它能替代传统的三种洗衣产品，一粒凝珠就能搞定洗净、柔顺、消毒三大功效，一举三得，让你省心又省钱！而且我们的洗衣凝珠含有薰衣草精油，洗完衣服含有淡然的香味，让你的衣物焕然一新！

家里有小宝宝的亲们，我知道你们一定非常在意宝宝的衣物卫生问题，宝宝衣物脏了，一定要马上洗净，对吗？亲们，我们不能因为害怕麻烦就限制宝宝去探索这个世界。脏是好事，说明宝宝在尝试、在学习！ ××× 品牌薰衣草洗衣凝珠，无磷、无毒、无荧光，抗菌消毒又干净，让你的宝宝无后顾之忧，能尽情地去探索这个世界！

亲们，这么好的洗衣神器，一盒里装有 50 粒凝珠，足够用两个月！市面上卖到五六十元的价格，今天在我的直播间，29.9 元就能包邮带回家！亲们给不给力！给力！赶紧把地址填好，准备好手速和网速，29.9 元两个月的用量，倒数 5 个数准备上架！5、4、3、2、1！1 号链接！29.9 元，已经上车！亲们瞄准 1 号链接，抓紧时间下单！抢到的亲们扣个"抢到"，让大家看到我们的活动是真实有效的！

运营，看一下还有多少单！已经抢完了？亲们手速真快！再看一下有多少亲还没有付款，还有××个亲们没有付款！来，没付款的亲们抓紧时间付款，我们再给 10 秒钟时间，没付款的亲们我们就要清一下"占车"的了，把库存留给想拍的亲们。来，倒计时！ 10、9、…、1！又清出来了××单？好的，又清出来了××单！亲们抓紧时间付款，洗衣凝珠就要过了，还没拍到的亲别着急，我们等下还会给亲们上这个款的，先过下一款吧！

2. 话术要点

（1）强调便捷性：通过介绍洗衣凝珠一粒替代传统三种洗衣产品的特点，突显产品的便捷性。

（2）关注家庭需求：针对有小宝宝的家庭，强调洗衣凝珠的无磷、无毒、无荧光以及抗菌消毒功能，提升观众的购买欲望。

（3）性价比：通过对比市场价格和直播间优惠价格，突显产品的性价比。

（4）紧迫感：倒计时上架和付款时间限制，让观众感受到紧迫感，从而提升观众作购买决策的速度。

（5）互动性：让抢购成功的观众回复，提高直播间的互动氛围。

（6）引导关注：通过表示会继续上架这款洗衣凝珠，吸引观众持续关注直播间。

7.2.15　话术举例 2：多功能蓝牙耳机

1. 直播文案

首先，这款多功能蓝牙耳机具备高清降噪功能，让你在繁忙的城市中也能享受到纯净的音乐世界。其次，它还支持无缝切换，让你在聆听音乐的同时，也能随时接听电话，方便快捷。最后，它还有时尚的设计，佩戴起来不仅舒适，而且非常时尚，让你成为人群中的焦点！

宝宝们，在我的直播间，你们能享受到前所未有的优惠！这款蓝牙耳机，市场价可是要卖到 699 元的，但是今天在我的直播间，我只要你们199.9 元就可以包邮带回家，这个价格是不是非常诱人？

宝宝们，告诉你们一个秘密，这款蓝牙耳机是限量发售的！在我的直播间只有 50 个名额，错过了可就没有了！这是一个千载难逢的机会，你们一定要抓住哦！

好了宝宝们，准备好了吗？填好地址，手速网速都准备好。我们开始倒数，10秒钟后上架！10、9、8、7、6、5、4、3、2、1！4号链接！199.9元，快来抢购吧！

抢到的宝宝们扣1，帮主播证明一下我们的活动是真实有效的。运营，看一下还有多少单！已经抢完了！宝宝们的手速真的太快了！还没拍到的宝宝们别着急，我们会在下次直播中再给大家带来更多惊喜的优惠活动，敬请期待哦！

2. 话术要点

（1）制造抢购的刺激感：通过强调产品的功能、设计以及直播间的独家优惠活动，激发观众的购买欲望。

（2）紧迫感：限量发售和倒计时上架的设置，让观众感受到紧迫性，从而提高观众作购买决策的速度。

（3）互动性：让抢购成功的观众回复，提高直播间的互动氛围。

（4）引导关注：通过表示会在下次直播中带来更多优惠活动，吸引观众持续关注直播间。

7.3　应对突发情况与问题处理

应对突发情况与问题处理是主播必须具备的基本素质，要提前做好问题预案，妥善处置突发情况。

7.3.1　突发技术问题的应对

直播过程中，可能会遇到突发的技术问题。以下是一些建议。

（1）保持镇定：在出现技术问题时，主播应保持冷静，避免让观众感到紧张或不安。

（2）及时沟通：主播应主动告知观众正在解决问题，并请观众耐心等待。

（3）备用方案：准备一些备用方案，如备用直播设备、备用网络等，以确保直播能尽快恢复。

7.3.2　处理直播间中观众的质疑与投诉

直播过程中，观众可能会质疑或投诉，主播应注意以下几点。

（1）保持礼貌：主播在回应观众质疑时，应保持礼貌和尊重，避免与观众发生冲突。

（2）客观解释：针对观众的质疑，主播应提供客观、真实的解释，避免夸大商品的优点或隐瞒商品的缺陷。

（3）主动跟进：主播应主动关注观众的投诉，并积极与后台团队协调，及时解决问题。同时，也要向观众保证将提高服务质量，避免类似问题再次发生。

（4）赠送礼品：主播可以通过赠送礼品的方式，快速平息问题。

第8章

直播营销与推广策略

 **本章内容简介**

　　本章将围绕直播营销与推广策略展开学习，包括如何在直播带货前预热及设计活动、在直播带货中监控数据及运营、在直播带货后复盘等，通过免费的自然流量及付费流量为直播间增加热度。

重点知识掌握

- 了解直播的流量机制
- 直播前的预热与宣传
- 设计直播间内的促销与活动
- 新人刚开播的运营技巧
- 使用"自然流"增加直播间热度
- 使用"付费流"增加直播间热度
- 直播商品排序的逻辑
- 新手直播如何快速起号
- 看懂直播数据，让复盘更有意义

8.1　了解直播的流量机制

了解直播的流量机制对新手直播间来说至关重要。

8.1.1　直播的流量机制

直播的流量机制主要由以下几个方面组成：人气、观众停留时长、点赞率、互动率、转粉率、粉丝团以及电商数据。这些方面表现得越好，直播间获得的推荐流量就会越多。

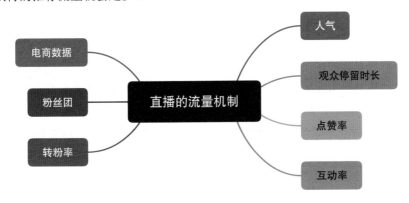

8.1.2　流量池机制

抖音直播采用流量池机制，这意味着你的直播间会被系统自动划分到某个流量池层级。如果在这个层级中表现优秀，就有可能跳至更高的流量池层级。在更高的层级中，系统会将你的直播间推荐给更多观众。

抖音流量池机制（数据随时更新变化，仅供参考）		
级别	进场总人数	峰值人数
E 级	100～500 人	1～20 人
D 级	500～4 000 人	30～60 人
C 级	4 000～30 000 人	100～800 人
B 级	3 万～20 万人	1 000～3 000 人
A 级	20 万～100 万人	3 000～10 000 人
S 级	100 万人以上	10 000 人以上

8.1.3　如何进入更高的流量池层级

众所周知，直播间的观众数量会不断变化。如果你的留人技巧出色，每分钟有 100 人点击进入直播间，且能保留 50 人，那么在下一分钟，再有 100 人进入直播间，你的观众数量就会达到约 150 人。因此，观众在直播间的停留时长至关重要。如果你的直播间平均观众停留时长达到 2 分钟（行业内其他直播间平均观众停留时长约为 1 分钟），那么你的直播间观众数量将更多。这样，你就能逐步突破当前流量池层级，进入更高的流量池层级。

8.2　直播前的预热与宣传

直播带货的成功离不开充分的预热和宣传，这可以增加用户的关注和参与度，从而提高直播带货的转化率和效果。通过在社交媒体平台发布短视频进行预热和宣传，从而为曝光和销售争取更多机会。

8.2.1　发布预告和倒计时

发布预告和倒计时有助于提前吸引用户关注直播间，从而增加直播观看人数。例如，某护肤品品牌将于本周五晚 8 点举行直播带货活动，可以在直播前一周开始发布预告和倒计时，提醒粉丝关注。

案例	要点
某护肤品品牌发布预告，将在本周五晚 8 点进行一场主题为"夏季护肤大作战"的直播带货活动，主播将推荐适合夏季使用的护肤产品，并分享护肤心得。	提前发布预告，设置倒计时，吸引粉丝关注。还可以更改账号昵称，如"×××晚 8 点直播夏季护肤专场"。

8.2.2　利用短视频引流

通过制作短视频，展示将在直播中销售的产品，引导用户点击进入直播间。

案例	要点
某服装品牌在直播前发布短视频，展示即将在直播中推出的新款服饰，搭配适合春季的穿搭，吸引用户关注。	制作相关联的短视频，展示直播内容，引导用户关注。

8.3　设计直播间内的促销与活动

设计直播间内的促销与活动对于直播带货的成功也有很大的影响。这些促销与活动可以吸引用户的关注和参与，提高直播带货的转化率和效果。例如，在直播间设置限时折扣、满减优惠等促销活动，可以提升用户的购买欲望，增加销售量。同时，在直播间设置一些互动环节，如抽奖，可以增加用户的参与度和黏性，让用户沉浸在直播带货的氛围中，从而增加转化率。

8.3.1　设计有吸引力的优惠活动

设计有吸引力的优惠活动，以促进直播间的销售。

案例	要点
某家居品牌在直播中推出"买一送一"活动，购买一件夏季被子，赠送一件同款枕头，目的是提高直播间的销售额。	设置优惠活动，吸引用户购买。
某抖音主播在直播间推出"直播专享优惠券"，观众在直播间内领取的优惠券仅限于直播期间使用，目的是增加用户在直播间的消费意愿。	发放直播专享优惠券，刺激用户在直播间内消费。
某抖音美食类主播在直播间推出"满赠活动"，当用户购买满指定金额后，可获得额外的赠品，如满200 元即可获得一份独家定制的美食材料包。	设置满赠活动，提高用户购买的价值感，增加销售额。

8.3.2　制定合理的促销策略

结合产品特点与市场需求，制定合理的促销策略。

案例	要点
某运动鞋品牌在直播中推出限时折扣活动，将部分热销款式的价格降低 20%，以吸引消费者购买。	根据市场需求，制定合理的促销策略。
某家电品牌在直播中推出捆绑促销活动，将家电产品与家居用品进行组合套装销售，降低消费者的购买成本，满足消费者一站式购买的需求，从而提高直播间的销售额。	通过捆绑促销，满足用户多样化的购物需求，提高直播带货的转化率。

8.4　新人刚开播的运营技巧

新人刚开直播，直播间进入一些观众，该提醒观众下单吗？还是先稳住人气？本节将为新手主播解决以上问题。

8.4.1　刚开播，不要着急做成交

刚开播，抖音系统会推荐给直播间一些人气，具体可以从"巨量百应"或其他第三方平台实时查看自己的直播数据。这时可能直播间的观众较多，但是不建议这个阶段着急进行促单、成交。此时以为人数多，着急做成交的，人气可能会掉得非常快。一般来说，这时候进入直播间的观众都是系统推荐的，直接着急卖货成交，推荐的观众可能很快就走，人气一下子就掉了。也就是说没有承接住这一波人气流量。

那么该怎么做呢？要做人气。但并不是说这个时候不挂小黄车，小黄车可以正常挂，但是主播可以先不要忙于介绍商品。要想办法先聚拢人气，把观众尽量多地留在直播间，这样系统才能将直播间推送给更多的人。

若有一波人气，马上急着成交，则可能迅速流失大量人气，然后系统则认定这个直播间承接不住这么多人气，后面可能也不会持续为直播间推送这么高的流量了。

8.4.2　直播数据的三种状态

主播在进行直播带货时，可以看到自己直播的数据状态，那么哪种曲线状态才是更佳的直播状态呢？

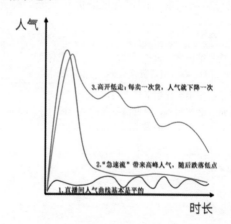

1. 直播间人气曲线基本是平的

这种情况，很大可能是直播间刚进行带货，流量非常小，没有出现过系统推送"急速流"，直播间的人气曲线从开播到下播基本是平的。

这时需要把直播间的观众的停留数据和成交数据尽量做好，这样才能让系统自动给直播间设定更精准的带货类型标签，之后开播带货时系统就会推送更精准的流量及"急速流"。

2. "急速流"带来高峰人气，随后跌落低点

在开播时有过"急速流"，短时间进入很多观众，但是主播没接住"急速流"的人气，短时间内直播间的人气下跌到非常低。

3. 高开低走：每卖一次货，人气就下降一次

直播间已经运营了很久，不属于新手直播间。但是直播数据非常不稳，开播人气数据不错，但是介绍和上架某款商品后，人气就下降一波。在介绍和上架某款商品后，人气又下降一波。

8.4.3　稳定直播数据曲线，让人气和成交循环起来

以上提到的三种直播人气曲线都是存在问题的，直接会导致直播间持续没人气，那么成交量也就会逐渐下降。如何让直播间的人气尽量保持稳定呢？

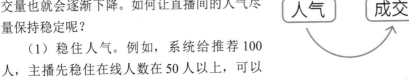

（1）稳住人气。例如，系统给推荐 100 人，主播先稳住在线人数在 50 人以上，可以利用主播互动话术，也可以设置开播的"福袋"，想尽办法留人，先不急于成交。

（2）开播一会儿后，稳定住了人气。这时可以在直播间做商品成交，提升 GMV（商品交易总额）。这样系统会继续给直播间推送观众，直播间也可能会流失一部分观众。

（3）继续稳住人气、做成交，循环起来。

8.4.4　稳住人气的常见方法——憋单、拉停、留互动

除了在直播间发"福袋"等方法外，还可以拿"福利款"进行憋单（憋单是指利用福利品吸引观众留在直播间），提升直播间的观众停留量和互动量，提高直播间的成交转化量。在憋单时可以循环"3+1"遍（福利品＋利

润品），人气上来之后，可以循环"1+1"遍（福利品＋利润品），这样会使得人气在高、低、高、低之间来回正常波动并趋于稳定。用"福利品"的憋单来拉动直播间人气，发完"福利品"后，借着高人气上"利润品"，人气就开始下滑，之后继续上"福利品"。期间可以交叉"福袋""超级福袋"等福利，获得更高的直播间停留人气。

　　一般要直播多久？建议1个小时以上。如果播到没流量了就下播，有流量就一直播。这里的"没流量"是指直播间流量远低于峰值，如开播峰值是100人，现在只有不到10人，那么就可以下播了。

8.5　使用"自然流"增加直播间热度

　　为直播间增加热度的方式很多，其中"自然流"是免费的方式，在进行付费获取流量之前，还是建议先把免费的"自然流"充分利用好。这样会给直播间带来一部分流量。

8.5.1　推荐 feed

　　"推荐 feed"是指平台自然推荐的流量，抖音会根据直播间的成交量和观众停留时长进行分析，会自动给直播间分发较为精准的流量。

　　"推荐 feed"的观众会直接从抖音的"推荐"栏中刷到并进入直播间。

8.5.2　同城

　　在抖音 App 首页最上方的栏目中，点击"同城"按钮即可进入同城栏目，在这里可以刷到本地的直播间。

"同城"中的本地用户占比相对较高，建议仅针对本地生活的商家或达人打开同城功能。

8.5.3 关注

在抖音 App 首页最上方的栏目中，点击"关注"按钮即可看到正在直播的你关注的主播。但是要注意这些直播间的排序是由粉丝灯牌、互动量、成交量、观众停留时长等多方面因素决定的。所以你的直播间需要从以上几个方面做好运营，争取排在粉丝的"关注"列表前面。

特点：流量精准，转化率高。

8.5.4 商城

在抖音 App 首页最上方的栏目中，点击"商城"按钮即可在"直播精选"中显示正在带货的直播间。

特点：流量精准。

8.5.5 直播广场

用户在刷短视频时可能会刷到直播间，点击即可进入直播间。在该直播间右侧可以点击"更多直播"按钮，进入"直播广场"。这里分门别类地展示推荐了很多直播间。

8.5.6 短视频预热

如果你在直播开始前发布了短视频，开播后观众刷到了你发布的短视频，你的头像上会显示直播提示。因此在直播之前要发布围绕当天带货商品的短视频，为直播间引流。

目的：把观众通过短视频吸引进直播间，进行成交转化。

特点：流量精准，转化率高。

8.5.7 直播时进行宣传

在直播时预告下次直播的一些福利和吸引点。在直播时进行直播预告能够把宣传做到位，并且在每次直播结束之前，告诉观众下次直播的时间、销售内容、活动等，号召大家关注，此时重点宣传的是下次直播的内容。

8.5.8　两个直播间联合直播

比如"紫砂壶"直播间和"银壶"直播间的主播，共同出现在"紫砂壶"直播间中销售"银壶"，这样做会为直播间带来更多的流量。而且因为两个直播间的商品的受众人群可能有很大的重叠，所以会产生更多的销售额。并且这样做更大的好处是，"银壶"直播间账号的粉丝量会有所增加。

如果直播效果较好，那么就可以继续联名合作。例如，"紫砂壶"直播间和"银壶"直播间的主播共同出现在"银壶"直播间中销售"紫砂壶"。

8.6　使用"付费流"增加直播间热度

为提高直播间热度，主播可以采用多种付费流策略。例如，使用 DOU+为直播间或短视频吸引观众，使用"小店随心推"展示商品，通过"巨量千川"投放广告，或者使用抖音"本地推"、抖音信息流广告拓展观众群。同时，在直播间举办各种活动，如抽奖、发红包等，可以进一步提高观众的参与度和销售转化率。

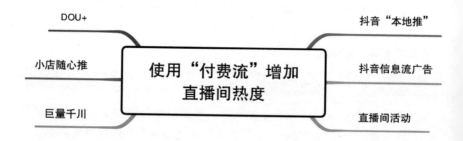

8.6.1　使用 DOU+ 为直播间或短视频增加热度

DOU+ 是一款视频和直播间加热工具，能够高效提升视频和直播间的曝光量及互动量。DOU+ 分为"视频 DOU+"和"直播 DOU+"，分别适用于短视频加热场景以及直播间引流场景。

DOU+ 比较适合个人号、个人主播投放，投放的方式简单，在开始直播之前及直播时，都可以选择去投放。后台可以智能推荐，也可以自定义定向进行投放。DOU+ 通常针对非带货类直播。

8.6.2 使用"小店随心推"为直播间增加热度

直播带货时，需要先添加商品，再使用"小店随心推"。方法如下。

（1）直播前点击"商品"按钮，选择需要上架的商品。

（2）点击直播间下方的"随心推"按钮，根据实际需求选择适合的投放金额等，最后支付即可。

8.6.3 使用"巨量千川"为直播间增加热度

"巨量千川"是抖音电商生态中为商家和创作者们提供电商一体化、智能高效营销解决方案的工具。进入"抖店"后台即可开通"巨量千川"。通过使用"巨量千川"的广告投放可以带来更多的流量和销量。

商家或创作者通过"巨量千川"选择合适的"营销目标""营销场景""推广方式"，付费获取更多的流量和销量。

（1）营销目标：短视频 / 图文带货、直播带货。

（2）营销场景：通投广告、搜索广告。

（3）推广方式：急速推广、专业推广。

相对来说，"巨量千川"比"小店随心推"的门槛要高一些，但是可以做更为详细的推广计划，更适合规模较大、品牌实力较强的直播间。在付费投"巨量千川""小店随心推"时需要注意投入和产出比，及时通过销售数据衡量是否值得继续投入。

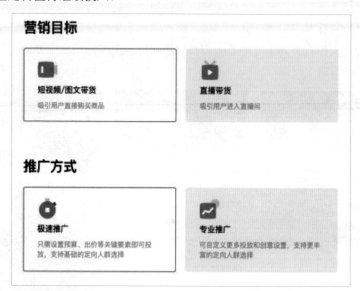

使用"巨量千川"为直播间付费增加热度，转化目标包括"进入直播间""直播间商品点击""直播间下单""直播间粉丝提升""直播间评论"。

8.6.4　使用"本地推"为直播间增加热度

"本地推"主要面向经营本地业务的商家直播间，是用于向本地抖音用户进行推广的工具。

8.6.5　使用"广告"为直播间增加热度

当我们在刷抖音时，会经常看到带有"广告"标识的视频，这类视频通常是以表单形式收费的。抖音信息流广告是一种非常有效的提升直播间热度的方式。广告费用在 100～500 元，具体费用取决于广告的推广需求和目标。

信息流广告出现在用户的抖音主页推荐中，通过吸引用户的注意力，引导他们进入直播间。这种广告形式可以帮助主播扩大观众群，增加直播间的人气。为了让信息流广告更具吸引力，主播可以制作一段精彩的广告视频，展示直播间的特色和亮点。

广告投放时，可以根据目标观众的兴趣、年龄、性别和地域进行精准投放，确保更高的点击率和观众留存率。同时，主播还可以设置广告预算和投放周期，以便更好地控制推广成本。

通常在搜索某个商品或某个关键词时可能会看到页面左下角带有"广告"字样的视频。或者在随机滑动视频时，也可能会刷到带有"广告"字样的视频，点击即可进入直播间。

8.6.6 直播间福利活动

在直播带货的过程中，运用各种营销手段（如抽奖、发红包等互动环节），可以有效地提升直播间的人气和观众参与度，激发观众的参与兴趣，使他们更愿意在直播间停留并参与互动。同时，发放直播间红包，如现金红包或优惠券红包，可以刺激观众的购买欲望，提高直播间的销售转化率。

这些营销手段既能让观众在直播间获得优惠，又能增加观众之间的互动，形成良好的直播氛围。

在开展这些营销活动时，主播需要充分调动观众的积极性，通过幽默风趣的语言、独特的表现形式和紧张刺激的氛围设计，为观众带来愉悦的观看体验。这样，直播间的人气将逐渐攀升，观众黏性也将得到提升，从而为直播带货创造更有利的条件。

8.7　直播商品排序的逻辑

在直播带货时，直播商品的排序是有逻辑的。合理的排序能让直播间的人气更稳定，促成更多的成交。以下只是大致思路，实际运营自己的直播间时，要根据现场的情况，随时调整策略。

8.7.1　小型直播间商品排序的逻辑

小型直播间的流量非常少，要非常注意观众在直播间的停留情况。因此刚开播时，尤其要重视商品的上架节奏。建议提前 5 分钟开始直播，直播 5 分钟后上架低价热门爆品，尽量选择时下流行的商品，而且要与账户粉丝高度匹配。不建议把全部精力放在介绍商品上，要尽量让观众停留在直播间，并且还能因为低价促成一些成交。之后可以尝试每 5 分钟交替上架"福利品""利润品"，当然也可以根据实际直播情况自行调整时间和策略，期间可以设置"福袋"等直播间福利。

时长	直播商品	目的
提前 5 分钟开播	低价热门爆品	促进成交、提升停留时长
20:00—20:05	福利品	促使用户停留和互动
20:05—20:10	利润品	成交利润
20:10—20:15	福利品	促使用户停留和互动
20:15—20:20	利润品	成交利润
20:20—20:25	福利品	促使用户停留和互动

8.7.2　大型直播间商品排序的逻辑

大型直播间的流量一般相对较大、较稳定。一般情况下，观众点击直播间的购物车，手机界面上只能显示出 4～5 个商品链接。如何在只显示这 4～5 个商品链接的情况下留住消费者呢？直播商品链接的排序就非常重要了。那么如何通过合理的商品排列顺序引导观众消费呢？以下为商品排序的常见模式，在实际操作中需要根据商品特性进行调整。例如，持续上架两款"利润品"后，流量急剧下滑，那么可以马上安排"福利品"上架，或者设置"福袋"，把人气重新吸引回来。

 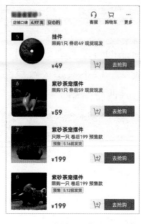 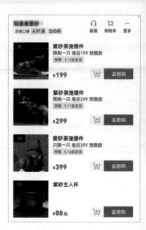

1～3 号链接为"福利品"　　4～6 号链接为"销量品"　　7～10 号链接为"利润品"

1. 1～3 号链接：福利品

1～3 号链接可上架无利润，甚至稍微亏本的福利品，要与主利润商品高度关联，且价格低廉、实用性强、使用频率高、需求量大。当观众打开直播间购物车时，第一眼看到的就是这些商品，观众会觉得这个直播间的福利很多，买到就是赚到，也就会在直播间里停留更长时间，并产生更多的成交次数。

1～3 号链接的关键在于便宜、实惠，不靠这些产品盈利，靠它们吸引更多流量。有人会觉得，把主利润品上架在 1 号链接，可以增加观众购买的概率，但是这样观众会感觉价格太高，直播间不够实惠，也自然不会停留太久。

福利品主要用于拉动直播间人气，所以不要一次放完。根据直播间当前的人数，决定放福利品的数量。建议每次放几单，让观众抢购。例如，以下1～3 号链接的产品。

直播间核心产品	1～3 号链接的产品
茶具	小茶宠
床品四件套	床单被子固定器
水果	削皮器
吹风机	吹风机架

2. 4～6 号链接：销量品

从 1～3 号链接的福利品，过渡到 4～6 号链接的销量品，观众心理上还是会觉得 4～6 号商品价格应该也很实惠，因此也会比较容易成交。

3.7 号链接：利润品

此位置添加具有一定利润的商品，以实现盈利。也可以添加多数人知晓的大品牌的商品，增强直播间的专业感以及观众对直播间的信任感。

4.8~10 号链接：高利润品

虽然打开购物车后需要滑动才能看到 8~10 号链接，但是可以在主播介绍时反复提起，以引导观众打开购物车，并向下浏览。就像乘坐商场扶梯上楼一样，途中能看到楼层之间的很多商品，从而增加曝光度。

如果直播间只销售一种单品，如只卖苹果，那么可以根据苹果的大小、个数、斤数的不同设计链接，如精品特级苹果礼盒装、10 斤大果、5 斤特价小果等。1 号链接可以放与商品关联度高的商品，如削皮器。

直播结束后可以通过转化率、增长趋势、商品评价、商家体验分等方面的数据来判断商品的选品是否合理。在多次直播后，运营人员可以根据实际数据总结商品的排序，找到更适合自己直播间属性、直播风格的排序方式。

8.8　新手直播如何快速起号

新手直播也可以快速起号，开播时也可以有更多的在线人数、更多的盈利。下面以从免费的把直播间内容先做好，到付费的买流量的过程进行讲解。

8.8.1　把直播间内容先做好

目前许多抖音账号在拥有数百粉丝时就开始直播，但由于粉丝基数较小，直播间的观众数量可能非常有限。一个新的直播间刚开始直播时，观看人数可能不足 10 人。在这种情况下，不建议投放 DOU+ 等广告，而是应该先优化直播间的内容，通过充分发挥免费流量，稳定地吸引更多观众。为此，我们需要从人、货、场三个方面下功夫。

1. 人

"人"即主播。选择一位具有亲和力、外貌吸引力的主播非常重要。主播需要对产品有着充分的了解，以确保在直播过程中语言流利、专业。

2. 货

"货"即商品。要挑选适合直播带货的爆品，以吸引更多观众关注。同时，要举行各种促销活动，激发观众的购买欲望。主播和商品推广团队需要熟练掌握直播带货技巧，以便在直播过程中能够默契配合。

3. 场

"场"即直播间。建议直播间的装修要简洁大方，不一定要豪华，但务必保证干净整洁、光线明亮，拍摄设备清晰。实际上，在查看大量直播间时，会发现很多直播间无法达到这些基本要求。如果条件允许，可以将直播间打造得更具意境、氛围和主题性，以便吸引更多观众并提高观众的观看体验。

8.8.2　账号粉丝少，第一次直播带货

第一次开直播带货，直播间人少很正常，那么如何起号呢？如何保证下次开播人更多呢？

首先，抖音直播带货的流量是"预分配机制"，也就是说大致是根据上次直播的情况而定的，所以会提前分配流量进入你的直播间。要非常重视这部分流量，才能逐渐将流量做大，进入更高的流量池层级。

那么，新号、新直播间如何做到 7 天起号？由于平台流量政策、规则可能随时会发生变化，因此以下内容仅供参考。

第 1 天　做观众停留

第 1 天直播带货，平台不知道你的直播效果、直播内容、观众停留时长等，所以给你推荐的粉丝可能不会很精准。

这时直播间可能就几个人，需要尽量做好观众停留，不要急于卖货，主播不要用话术进行"憋单"，这样极有可能使仅有的几个观众快速离开直播间。

要想尽办法做好直播间观众停留，主播欢迎进来直播间的每一位观众，可以念观众的名字＋尊称（如××朋友等），然后点对点地与这位观众互动，可以和他聊天，真诚一些。目的是让直播间热闹起来，有人聊天、互动，这样观众才会更愿意停留。

下面以花卉直播带货主播为例进行说明。

（1）欢迎新进入直播间的 ×× 大哥，欢迎你。

（2）我是新人主播，第一天开播经验不足，不为卖货，就和大家聊聊天。

（3）大家都养花吧，有在养花时遇到问题的吗？

（4）××姐，你感觉我直播间的装扮好不好？哪不好，我后面再改一下。

（5）××哥，你能多在直播间待一会儿吗？多聊聊天，聊聊花，我直播间就 3 个人，大家多聊天。

（6）有没有朋友想知道这盆三角梅我是怎么修剪出这么好看的盆景造型的？有想知道的打个"想"，我给大家分享分享哈。

第 2 天　做互动和观众停留

第 2 天直播带货，你已经有了一天的经验，了解了一些观众喜好。那么就要及时修正自己的话术，还是以互动为主，多聊天，点对点地照顾到每一位直播间的观众，尽量使观众感觉直播间有趣、有内容，愿意多停留一会儿。注意，第 2 天和之后的很多天，开播时间都不要变，比如第 1 天 20:00 开播，那么第 2 天还是要 20:00 准时开播。

第 3 天　互动 + 观众停留 + 粉丝灯牌

第 3 天直播带货，还是以互动和观众停留为主，期间可以引导观众喜欢直播风格的话加个粉丝灯牌。

第 4 天　做成交

第 4 天直播带货，需要做成交。直播间的商品选品应尽量精准，价格要比其他直播间同类商品便宜很多，只保本、不盈利即可。这样观众能感觉到实惠，才有可能在新直播间中下单。今天在做成交的同时，还要继续做好直播互动，尽量与每个进入直播间的朋友打招呼，和每位参与直播的观众进行互动。

第 5 天　做成交 + 互动 + 粉丝灯牌 + 不要违规

第 5 天直播带货，继续做好成交，多与观众互动，引导观众加入粉丝灯牌，注意不要违规。

第 6 天　做密集成交，上架低价福利商品

第 6 天直播带货，尽量多上架低价福利商品，在直播间完成密集成交。

第 7 天　急速流

第 7 天直播带货，如果前几天你的直播表现比较好，那么有可能系统会给你推送"急速流"（时间不一定是第 7 天，可能提前或延后），可能会出现比之前流量大得多的人气。平时只有几人的直播间突然进来几十人，能不能承接住这波"急速流"？能承接住"急速流"的人气，你的直播间就有可

能进入更高层级的"流量池",也就是说系统可能会在后面给你推送更多的人气。

8.8.3　直播带货付费直播的方法推荐

付费策略因人而异,不宜过度依赖。在进行一段时间的付费后,应计算投入产出比(投产比),以确定付费获取流量是否划算、是否带来更多利润以及是否继续投入。

在人、货、场三方面都做到位后,直播间基本具备火爆的前提。持续直播一段时间后,再考虑付费获取更多流量。当直播间观众人数稳定在几十人时,可以考虑付费以提高流量和人气。以下示例为投入 DOU+ 的策略,具体投入金额需根据实际情况而定。

假设直播间经过一段时间的优化,观众人数已稳定在几十人。

第 1 天

开播后,投入 ×× 元购买 DOU+,按 2 : 2 : 1 的比例进行分配,用于购买普通用户流量、具有互动习惯的用户流量、具有购物习惯的用户流量,直播 2 个小时以上后下播。

第 2 天

按照第 1 天的 2 : 2 : 1 比例,投入 ×× 元购买 DOU+,直播 2 个小时以上后下播。

第 3 天

按照第 1 天的 2 : 2 : 1 比例,投入 ×× 元购买 DOU+,直播 2 个小时以上后下播。

第 4 天

投入 ×× 元,按照 3 : 3 : 2 的比例购买 DOU+,直播 3 个小时以上后下播。

在完成前 4 天的付费策略后,根据投入产出比分析盈利情况,自行决定是否继续投放。同时,根据实际情况,可随时终止付费策略。

8.8.4　直播间人数变多,但是转化率低

当直播间人数变多,但转化率较低时,需要采取一系列措施来提高直播间的转化率。

1. 调整货品结构，增加爆品比例

为吸引更多观众购买，可调整直播间的货品结构，增加具有高转化率的爆品占比。

2. 调整 DOU+ 推广的流量结构

在初期，可以尝试将流量结构调整为 40% 人气流量 +60% 带货流量，直至 DOU+ 带货推广计划完全消耗，再根据实际情况调整回 3 ∶ 3 ∶ 2 的比例。

3. 调整转化话术

优化直播间的互动与沟通方式，运用更有效的转化话术，引导观众进行购买。主播可以根据商品特点和观众需求，制定合适的销售策略，提高直播间的转化率。

8.9　看懂直播数据，让复盘更有意义

在每次直播结束后，进行及时的直播复盘至关重要，这有助于发现问题、解决问题，发现优势并保持优势，从而取得长足的进步。利用数据分析工具，如蝉妈妈、飞瓜数据、抖查查等，可以更加深入地进行直播复盘分析。

通过对直播数据的全面复盘分析，可以找出直播中存在的问题和优势，不断调整和优化直播策略，从而提高直播间的人气、转化率和销售额。同时，利用数据分析工具辅助复盘，能够更加准确地了解直播间的现状和观众需求。

8.9.1　直播整体复盘

1. 人气数据、带货数据、在线流量分析

以"蝉妈妈"数据平台为例，在这里可以查看直播的观看人次、本场销售额、UV 价值、观众平均停留时长、人气峰值、平均在线人数、发送弹幕次数、客单价等。下图为人气数据、带货数据和在线流量数据的分析。例如，"观众平均停留时长"越长，说明直播间质量及主播留客技巧越好。通常情况下，观众平均停留时长大于等于 2 分钟即为优秀。

通过数据可以分析出哪个时间段的在线人数最多，那么可以进行直播回放，找到这段时间，看一下讲解的是哪件商品、使用的是什么话术，把这些优质内容记录下来。

2.观众来源、商品分析

通过数据分析工具，可以对直播间的观众来源、商品分析数据进行分析。

通过"观众来源"可以看到本场直播的观众组成；通过"商品分析"可以看到本场直播中每件商品的销量、销售额、转化率、累计讲解时长、上/下架时间等。

3. 粉丝团分析、涨粉分析、观众画像、地域分布、弹幕热词、全部弹幕

直播结束后，可以查看粉丝团和涨粉的情况，并且可以看到观众画像、弹幕热词等内容。根据以上分析可以在后续直播时随时调整和优化直播内容，使直播更具吸引力。

4. 直播诊断结果、带货指标诊断、人气指标诊断、自助分析

通过进行"直播诊断"，从而对直播诊断结果、带货指标诊断、人气指标诊断、自助分析等内容进行查看。可以整体看到直播带货的基本情况，如销售额、商品销量、客单价、人气等，哪些数值高、哪些数值低，一目了然。

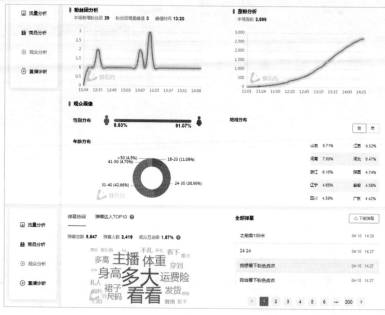

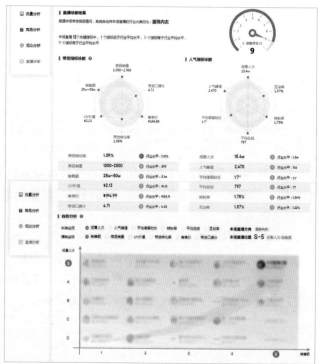

8.9.2　直播细节复盘

在进行整体复盘之后，需要重点关注局部时间段的数据分析。直播的各类数据都是实时动态变化的，如上架不同价格的商品、上架不同优惠力度的商品、分发福利、销售话术等。根据这些关键时间点的人气、带货量等数据的变化，可以判断哪些商品受观众欢迎、涨粉更多、成交更多；哪些福利更容易吸引观众；哪些话术更容易促成交易；哪些价格实惠的商品更易销售等。这些经验应在复盘时记录，并在下次直播带货中运用。

例如，在进行直播复盘时，发现当主播在 13:20 左右说"宝宝们，点点右上角的关注，加入粉丝团，我们马上发福利了"时，此时的粉丝团增量达到了峰值，说明这类话术有效。多次复盘后，自然可以优化出更适合直播间的话术、福利、商品定价等。另外，"客单价"能够直接反映观众下单的平均成交价格水平。通过不断地进行数据复盘，可以更准确地了解本直播间观众对于价格、产品的偏好。

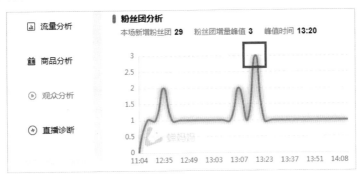

通过细节复盘，发现在 14:05 左右时，带货排名下降非常多，同时仔细对比此时的"在线人数"和"进场人数"，发现人数并不是特别少，那么就需要查看直播回放，查看这个时间段正在销售的是哪件商品，是商品的选品有问题，还是主播的话术有瑕疵。

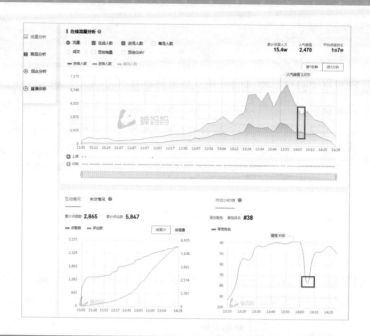

8.9.3 复盘问题清单，并提出整改方案

通过刚才的整体复盘和细节复盘，发现的问题如下。

1. 带货口碑分值略低

本场直播带货口碑 4.71 分，虽然高于行业平均水平（假设为 4.52），但是还需要进一步提升口碑分值。直播带货口碑分值越高，消费者的信任度越高。

整改方案：

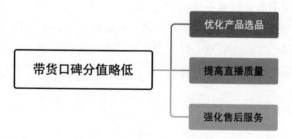

- 优化产品选品

  确保带货的产品质量过关，与目标受众的需求和喜好相符。可与供应商建立良好的合作关系，以获取优质且具竞争力的产品。

- 提高直播质量

　　优化直播内容、话术，增加观众互动环节，加快直播节奏。

- 强化售后服务

　　确保消费者在购买过程中获得优质服务。提供快速响应的客服团队，解决消费者的疑问和售后问题。关注用户反馈，不断优化服务质量。

2. 观众平均停留时长略短

本场直播观众平均停留时长为 1 分 7 秒，虽然略高于行业平均水平（假设为 1 分 1 秒），但是仍需注意优化观众平均停留时长，这样能更好地提升带货转化率。

　　整改方案：

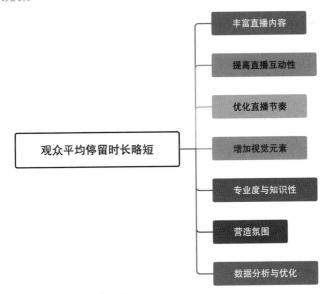

- 丰富直播内容

　　增加多样化内容，包括产品展示、教学、互动环节等，让观众在观看过程中保持兴趣。

- 提高直播互动性

　　鼓励观众参与直播，如通过弹幕和评论区进行互动，增加提问环节等。不间断地进行抽奖、发放优惠券等，激发观众兴趣，增加观看时长。

- 优化直播节奏

  合理控制直播节奏,使内容更具吸引力。在产品介绍过程中加入小插曲、小故事、幽默元素,让观众保持愉悦心情,增加观看时长。
- 增加视觉元素

  优化直播间的装修风格,增强直播画面的吸引力,提升观众的体验感。
- 专业度与知识性

  展示专业知识,分享有价值的行业信息和产品相关知识,使观众在观看直播的同时能学到实用信息,从而增加观看时长。
- 营造氛围

  营造轻松愉快的直播氛围,让观众在观看过程中感受到愉悦和放松。可通过背景音乐、直播间布置等方式营造氛围。
- 数据分析与优化

  收集观众平均停留时长等数据,分析观众在哪些环节较易流失。根据数据调整直播内容和策略,提高观众的留存率。

3. 带货转化率较低

本场直播带货转化率为 1.09%,低于行业平均水平(假设为 1.51%),说明进入直播间的人数多,但是实际购买的人数却少。一方面说明直播间的留人技巧差,另一方面说明选品上可能存在一定的问题。

整改方案:

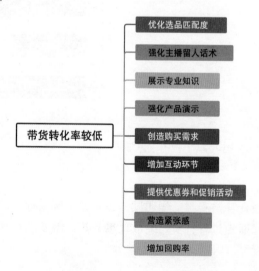

- 优化选品匹配度

  确保推广的产品与目标受众的需求及兴趣高度匹配。挑选高质量、高性价比的产品，以满足粉丝的购买欲望。

- 强化主播留人话术

  要提升主播的留人话术，拉高观众的平均停留时长。

- 展示专业知识

  在直播过程中展示专业知识，向观众传递产品的独特优势，提高观众对主播和产品的信任度。

- 强化产品演示

  生动展示产品功能和效果，让观众在直播过程中能够直观地了解产品的性能和优点。

- 创造购买需求

  通过讲解产品的特点、分享使用心得等方式，激发观众的购买欲望。同时，可以通过限时优惠、折扣等活动，刺激观众迅速下单。

- 增强互动环节

  与观众进行充分互动，回应观众的疑问和关切，让他们在参与过程中产生购买行为。

- 提供优惠券和促销活动

  利用优惠券、满减、秒杀等促销手段，降低观众的购买门槛，提高转化率。

- 营造紧张感

  设置抢购、限量等活动，营造紧张感，刺激观众进行购买。例如，设定限时折扣、限量秒杀等，激发观众的购买欲望。

- 增加回购率

  关注售后服务，收集用户反馈，解决用户问题。建立良好的口碑，提高回购率和客户忠诚度。

4. 互动率偏低

本场直播观众互动率为 1.57%，虽然略高于行业平均水平（假设为 1.22%），但是仍需提高。更高的互动率也会带动其他带货数值趋向于更好。

整改方案：

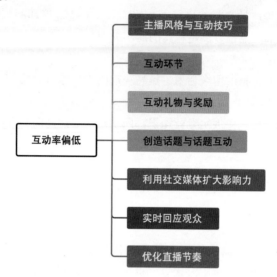

- 主播风格与互动技巧

    选择具有亲和力与表现力的主播，通过幽默、风趣的谈吐和表现，吸引观众的注意力。同时，主播要善于引导观众参与互动，如提问和征求观众的意见等。

- 互动环节

    在直播过程中设置固定的互动环节，如答题、抽奖等，激发观众积极参与直播互动。

- 互动礼物与奖励

    设置互动礼物或者奖励，鼓励观众参与互动。例如，为提问的观众发放优惠券或赠送礼品等。

- 创造话题与话题互动

    针对热门话题或痛点问题，进行讨论和互动。鼓励观众分享自己的看法，提高直播间的话题热度。

- 利用社交媒体扩大影响力

    在直播前后，积极利用社交媒体进行宣传，邀请粉丝参与讨论和互动。在直播间内外营造一种互动氛围。

- 实时回应观众

    主播要密切关注直播间的弹幕和评论，针对观众的提问和建议进行实时回应，让观众感受到主播的关注和重视。助播也可以回应观众。
- 优化直播节奏

合理安排直播节奏，确保在推荐产品的同时留出足够的时间与观众互动，使直播内容更加丰富、有趣。

5. 粉丝团新增人数偏少

本场直播粉丝团新增 29 人，可以通过一些技巧增加粉丝团的人数。

整改方案：

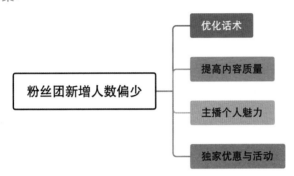

- 优化话术

通过话术引导粉丝加入粉丝团。

- 提高内容质量

确保直播内容具有吸引力、创意和价值，使观众愿意关注并成为粉丝。通过调研了解目标受众的需求，制定出符合观众兴趣的内容策略。

- 主播个人魅力

培养具有亲和力、专业度与表现力的主播，使观众喜欢并关注。主播的个人魅力对粉丝的吸引力至关重要。

- 独家优惠与活动

为粉丝提供独家优惠、活动和福利，鼓励观众关注并成为粉丝。例如，可以设置粉丝专享折扣、限时优惠券等。

6. 客单价偏高

本场带货商品客单价为 194.99 元，高于行业水平（假设为 125.11 元），因此在价格上与同行相比不占优势，这就直接会导致直播带货时的带货转化率较低。价格较高，观众可能通过比较价格，去其他直播间进行购买。

整改方案：

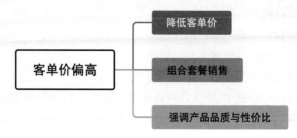

- 降低客单价

  建议可以在下一场直播之前，进行选品及定价时注意把客单价调低，然后再进行带货。带货之后再进行数据复盘分析，核算出最终的直播带货利润等，综合考虑客单价的最佳定价区间。

- 组合套餐销售

  将多个相关产品组合成套餐进行销售，降低单品客单价，同时满足多样化需求。套餐销售可以帮助观众在购买时享受到更多优惠。

- 强调产品品质与性价比

  在直播过程中，突出产品的品质、功能和性价比，使观众认为购买该商品是物有所值的。这样可以降低价格较高所带来的负面影响。

8.9.4　用好"电商罗盘"

抖音电商罗盘是抖音电商官方、权威、多视角、全方位、统一的数据平台，支持三类角色查看数据（商家、达人、机构），不同角色可查看的数据内容及主要操作入口不同，支持登录后切换角色使用。具体功能如下。

（1）数据分析功能：核心数据、直播分析、实时分析、短视频分析、商品分析、达人分析、服务分析、物流分析、商家体验分析、商家分析、交易分析、直播大屏。

（2）数据诊断功能：经营诊断、服务诊断、直播诊断。

1.直播前选品

通过电商罗盘可以找到"直播榜单"，并且可以根据"行业类目"统计出榜单。根据榜单不仅可以了解当前行业中哪个直播间的交易量更高、流量更大，还能了解当下流行的商品。

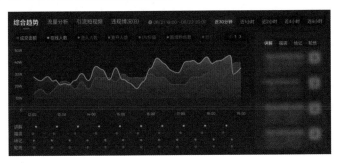

2. 直播中实时监控

直播中可以通过电商罗盘进行实时监控，查看在线人数、进入人数、离开人数、新增粉丝数等数据的变化趋势。

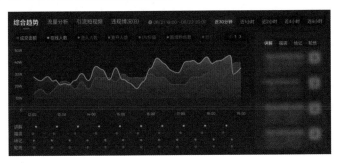

3. 直播后复盘

直播之后还可以通过电商罗盘复盘本次直播带货的表现。单击"抖音电商罗盘"→"直播复盘 / 列表"→"诊断"按钮即可回看相关数据。

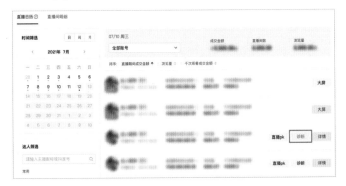